数字经济发展创新管理探究

胡雅楠 ◎ 著

吉林出版集团股份有限公司

图书在版编目（CIP）数据

数字经济发展创新管理探究 / 胡雅楠著. — 长春：吉林出版集团股份有限公司，2024.7. — ISBN 978-7-5731-5427-9

Ⅰ.F492

中国国家版本馆CIP数据核字第2024RL0592号

数字经济发展创新管理探究

SHUZI JINGJI FAZHAN CHUANGXIN GUANLI TANJIU

著　　者	胡雅楠
责任编辑	聂福荣
封面设计	林　吉
开　　本	787mm×1092mm　1/16
字　　数	188 千
印　　张	10
版　　次	2024 年 7 月第 1 版
印　　次	2024 年 7 月第 1 次印刷
出版发行	吉林出版集团股份有限公司
电　　话	总编办：010-63109269
	发行部：010-63109269
印　　刷	廊坊市广阳区九洲印刷厂

ISBN 978-7-5731-5427-9　　　　　　　　定价：85.00 元

版权所有　侵权必究

前　言

随着科技的飞速进步，数字经济已成为全球经济增长的新引擎。在这个背景下，创新管理成了推动数字经济发展的关键因素，然而数字经济的发展也带来了前所未有的挑战，要求我们在管理模式、思维方式以及技术应用等方面进行深刻的变革。

数字经济以数据为核心，通过云计算、大数据、人工智能等先进技术，实现了信息的高效传递和价值的深度挖掘。这种新型经济形态不仅改变了传统产业的运营模式，也催生了新的产业形态和商业模式。在这个过程中，创新管理的作用越发凸显。如何通过有效的管理手段激发创新活力，推动数字经济的发展，成了摆在我们面前的重要课题。

本书旨在探讨数字经济发展中的创新管理问题。本书将从管理理论、实践案例以及未来趋势等多个角度对此进行分析和探讨，以期能够为数字经济的发展提供有益的参考和借鉴。同时，我们也希望本书能够引起更多学者和实践者的关注，共同推动数字经济创新管理的研究和实践。

本书在撰写的过程中得到了许多专家同人的指导和帮助，书中也参考了有关专家、学者的研究成果，在此一并表示感谢。由于时间仓促，作者掌握的资料未必全面，再加之作者水平有限，书中难免有不足之处，敬请大方之家、同人师友批评指正。

胡雅楠
2024 年 1 月

目　录

第一章　数字经济概述 ……………………………………………… 1
第一节　什么是数字经济 ……………………………………… 1
第二节　数字经济的历史演进 ………………………………… 3
第三节　数字经济新特征 ……………………………………… 7

第二章　数字经济的发展及管理创新 …………………………… 26
第一节　数字经济的基础产业 ………………………………… 26
第二节　数字经济的技术前瞻 ………………………………… 37
第三节　数字经济的创新管理 ………………………………… 60

第三章　数字经济企业的创新管理 ……………………………… 67
第一节　数字经济新理念与企业创新管理 …………………… 67
第二节　数字经济给企业创新管理带来的影响及机遇 ……… 77
第三节　企业创新管理的数字化转型 ………………………… 83

第四章　数字经济治理的新路径 ………………………………… 89
第一节　建设数字政府，推进数据开放共享 ………………… 89
第二节　加强数字公民教育，提升数据素养 ………………… 93
第三节　重视数据法规建设，保护用户隐私和安全 ………… 96

第五章　数字经济协同的创新管理 ……………………………… 101
第一节　数字经济治理的关系协同 …………………………… 101
第二节　数字经济治理的主体协同 …………………………… 111
第三节　数字经济治理的机制协同 …………………………… 139

参考文献 …………………………………………………………… 153

第一章　数字经济概述

第一节　什么是数字经济

一、数字经济的内涵

数字经济是继农业经济、工业经济之后的一种新经济社会发展形态。随着数字经济的深入发展，其内涵和外延不断演化。根据现行的国民经济行业分类和统计制度，准确界定数字经济不是一件容易的事情。其中，计算机制造、通信设备制造、电子设备制造、电信、广播电视和卫星传输服务、软件和信息技术服务等行业作为数字经济的基础产业，互联网零售、互联网和相关服务等几乎全部架构于数字化之上的行业，都可纳入数字经济范畴。数字经济难以被准确界定的原因在于它是融合型经济。其他行业在信息通信技术方面的应用以及向数字化转型带来的产出增加和效率提升，是数字经济的主体部分，并且在数字经济中所占的比重越来越高。

数字经济是互联网发展到成熟阶段后产生的经济形态，已经超越了信息产业范围与互联网技术的范畴，具有更加丰富的内涵。当前，人们对数字经济概念的界定主要有以下不同观点：

（1）数字经济是一种经济社会形态。数字经济是继农业经济、工业经济之后的一种新经济社会发展形态，我们要站在人类经济社会形态演进的历史长河中看待数字经济的深刻长远影响。

（2）数字经济是一种基础设施。数字经济不仅体现在技术层面和工具层面，而且是一种网络化的基础设施，像工业时代建立在电力、交通等物理基础设施网络之上一样，未来的经济社会发展会建立在数字基础设施之上，传统基础设施在物联网技术支撑下也会全面实现数字化，进入万物互联时代。

（3）数字经济是一种技术经济范式。从科学技术发展史来看，数字技术是与蒸汽机、电力同等重要的"通用目的技术"（General Purpose Technologies，GPT 或 GPTs），必然重塑整个经济和社会。数据将成为最重要的生产要素，重构各行各业的商业模式和盈利方式，未来所有产业都将是数字化产业，所有企业都将是数字化企业。

二、数字经济的类型

数字经济以数字化信息为关键资源，以信息网络为依托，通过信息通信技术与其他领域紧密融合，形成了以下 5 种类型：基础型数字经济、融合型数字经济、效率型数字经济、新生型数字经济、福利型数字经济，具体如表 1-1 所示。

表 1-1　数字经济类型[①]

类型	内容
基础型数字经济	传统的信息产业构成了基础型数字经济，它是数字经济的内核
融合型数字经济	信息采集、传输、存储、处理等信息设备不断融入传统产业的生产、销售、流通、服务等各个环节，形成了新的生产组织方式，传统产业中的信息资本存量带来的产出增长份额构成了融合型数字经济
效率型数字经济	信息通信技术在传统产业的普及，促进了全要素生产率提高而带来的产出增长份额，构成了效率型数字经济
新生型数字经济	信息通信技术的发展不断催生出新技术、新产品、新业态，被称为新生型数字经济
福利型数字经济	信息通信技术普及所带来的消费者剩余和社会福利等正外部效应，构成了福利型数字经济

① 申雅琛. 数字经济理论与实践 [M]. 长春：吉林人民出版社，2022.

第二节　数字经济的历史演进

一、数字经济的发展历史

（一）数字经济产生的背景

1. 世界各国积极搭乘数字经济发展快车

联合国贸易和发展会议（United Nations Conference on Trade and Development，UNCTAD）在《2017年世界投资报告——投资和数字经济》中指出，数字经济是全球投资增长和发展的主要动力，它可以提升所有行业的竞争力，为商业和创业活动提供新机会、帮助企业进入海外市场和参与全球电子价值链，也为解决可持续发展问题提供了新的工具。麦肯锡全球研究院（McKinsey Global Institute，MGI）发布的《中国的数字经济：全球领先力量》认为，中国是世界上几个非常活跃的数字投资和创业生态系统之一，并认为中国数字市场的上行潜力比许多观察者预期的要大得多。数字经济正在成为全球经济发展的新动能。

2. 数字经济首次列入G20峰会议题

2016年，中国作为二十国集团（Group of 20，G20）主席国，首次将"数字经济"列为G20创新增长蓝图中的一项重要议题，于9月4日至5日举行的G20杭州峰会上，与会各国通过了《二十国集团数字经济发展与合作倡议》（以下简称《倡议》），这是全球首个由多国领导人共同签署的数字经济政策文件。《倡议》敏锐地把握了数字化带来的历史性机遇，为世界经济摆脱低迷、重焕生机指明了新方向，提供了新方案，带来了新希望。《倡议》阐述了数字经济的概念、意义和指导原则，提出了"创新、伙伴关系、协同、灵活、包容、开放和有利的商业环境、注重信任和安全的信息流动"等七大原则，明确了"宽带接入、ICT（信息与通信技术）投资、创业和数字化转型、电子商务合作、数字包容性、中小微企业发展"等数字经济发展与合作的六大关键优先领域，在"知识产权、尊重自主发展道路、数字经济政策制定、国际标准的开发使用、增强信心和信任、无线电频谱管理"六大领域鼓励成员加强政策制定和监管领域的交流，营造开放和安全的环境。面向未来，《倡议》鼓励G20成员国在政策制定、立法经验和最佳实践方面开展多层次的交流，在培训和研究领域积极开展合作，与国际组织及其他团体积极互动，共同推动数字经济快速健康发展。

3.我国出台《促进大数据发展行动纲要》

2015年8月31日，国务院印发《促进大数据发展行动纲要》，指出我国互联网、移动互联网用户规模居全球第一，拥有丰富的数据资源和应用市场优势，大数据部分关键技术研发取得突破，涌现出一批互联网创新企业和创新应用，一些地方政府已启动大数据相关工作。坚持创新驱动发展，加快大数据部署，深化大数据应用，已成为稳增长、促改革、调结构、惠民生和推动政府治理能力现代化的内在需要和必然选择。

在全球范围内，运用大数据推动经济发展、完善社会治理、提升政府服务和监管能力正成为趋势，相关发达国家相继制定实施大数据战略性文件，大力推动大数据的发展和应用。

（二）数字经济发展的意义

随着全球信息化步入全面渗透、跨界融合、加速创新、引领发展的新阶段，我国也借势深度布局，大力推动数字经济的发展，从而使其逐渐成为整体经济创新发展的强大引擎，并为全球经济复苏和优化发展提供借鉴和启发。数字经济是在计算机、互联网、通信技术等新一轮信息革命的基础上发展起来的，因此也被称为"信息经济"。对于正处在整体经济转型升级关键期的中国经济而言，发展数字经济显然具有重要的特殊意义，有利于推动新常态下我国经济发展和创新战略的落地。

1. 经济新常态需要发展新引擎

经过多年的高速增长，我国经济逐渐步入增速放缓、结构升级、动力转化的新常态阶段，整体发展环境、条件和诉求都发生了深刻改变。因此，如何认识、适应和引领新常态，打造经济发展新动能，便成为我国实现经济跨越式发展的根本议题。特别是要化解经济新常态下的风险，必然离不开发展引擎的转变。

2. 信息革命推动社会生产生活方式变革

当前，信息革命为我国打造新动能、跨越曾经普遍困扰各国经济发展的困境提供了历史性机遇。从人类社会的发展历史来看，每一次产业革命都能实现社会生产力的提升：农业革命推动人类从采集捕猎转为种植畜养，增强了人们的生存能力，使社会从野蛮、蒙昧时代进入文明时代；工业革命推动家庭作坊式的手工生产形态走向规模化的机器大生产，极大地提升了人类社会的生产能力，改变了以往的物质匮乏状况。同样，以计算机、互联网、通信等先进技术为代表的信息革命推动了社会生产生活方式的数字化、网络化、信息化、智能化。数字化工具、数字化生产、数字化产品等数字经济形态的快速崛起，为新常态下我国经济发展提供了新动能。

二、数字经济的发展趋势

数字经济与共享经济的融合，推动了共享时代的发展。同时，共享时代也对数字经济发展提出了新要求，使之有别于传统的发展模式，呈现出以下新发展趋势：

（一）数字经济的内涵、外延将持续快速扩展

当前全球对数字资源重要性的认识、全球数字技术的创新发展等已非昔日可比，诞生出云计算、物联网、大数据、人工智能（AI）、虚拟现实等新技术、新应用和平台经济、共享经济等新模式、新业态。目前所说的数字经济，实际上是一种"新数字经济"。未来，随着技术的发展、模式的创新和认识的提升，数字经济的内涵将进一步创新。

（二）需求增长将增强数字经济发展动力

从消费层面看，我国正处于消费升级期，数字消费又是消费的重点。从产业层面看，我国正处于产业升级期，大数据正成为与土地、劳动同等重要的生产要素，智能制造正在引发新一轮制造业变革，数字化、虚拟化、智能化技术将贯穿产品的全生命周期，云计算、大数据、物联网技术等将加快向传统行业渗透，产业升级需求将孕育更加广阔的市场空间。从创新层面看，数字经济将成为创新创业的重要领域，具有规模的智力资源、资金资源将涌入数字经济领域，为其发展注入持续动力。

（三）政策创新将优化数字经济发展环境

后金融危机时代，各个国家都在数字经济领域发力，试图加快经济转型，实现可持续发展。我国也在近两年持续推出了多个规划、指导意见，以加快推动大数据、互联网等数字经济领域的发展。未来，国家对数字经济的重视将推动相关产业政策的创新，从而进一步优化数字经济的发展环境。

（四）数字经济发展将加速完善保障支撑

推动数字经济发展，需注重配套保障建设。在基础保障方面，我们将进一步推进宽带网络升级、提高互联网普及率、发展新型应用基础设施等。在创新保障方面，我们将加快信息技术创新步伐，推动数字技术与各领域的协同创新，打造公共创新服务载体，优化创业创新孵化空间。在安全保障方面，我们将加快建设关键信息基础设施安全保障体系，增强网络空间安全防御能力，加强数据资源和用户信息安全防护。在统计保障方面，我们将探索建设适应数字经济特点的统计体系，使数字经济发展成果可见、可观。

（五）加速推进数字红利共享机制建设

要实现共享发展，就要让数字经济发展的红利实现普惠性释放，为此需要推进打造相关机制，如数字就业促进机制、数字技能提升机制、数字精准扶贫机制、数字政府强效机制等。

（六）更加密切数字经济与资本的关系

信息技术、互联网、云计算、大数据等已成为资本市场瞩目的焦点。未来，随着数字经济的发展，它与资本的关系会更加密切。一方面，资本市场的大力支持将推动数字经济的发展；另一方面，数字经济的发展将提升效率，对资本市场的长远发展产生积极影响。

（七）数字经济将成为推动全球化的新平台

数字经济本身就是全球经济，能够扩大贸易空间，提高资本利用效率，在促进市场竞争的同时催生创新。未来，随着数字经济的发展，世界各国将迎来新的全球化平台，各国有望通过数字市场的不断开放，加速国内市场和国际市场相互融合，实现互利共赢。

第三节　数字经济新特征

发展阶段和发展环境的深刻变化使我国旧动能有所减弱，亟待实现新旧动能转换。数字经济由于高成长性，成为新旧动能转换的重要推动力量。数字经济具有颠覆性创新不断涌现、平台经济与超速成长、网络效应与"赢家通吃"、"蒲公英效应"与生态竞争等新特征，蕴含着数字经济新动能的形成和发展机制。推动数字经济发展、加快新旧动能转换，应持续优化软硬环境，加大技术创新成果早期市场支持力度，支持数字经济细分领域发展，实施"互联网+"与"智能+"，鼓励数字经济龙头企业走出去。

现阶段，新一代信息技术快速发展，新技术、新产品、新模式、新业态不断涌现。数字经济成为世界各国经济中增长速度最快的部分，在推动质量变革与新旧动能转换方面发挥着重要作用。

一、数字经济、新旧动能转换及其内在关联

一般认为，数字经济主要包括数字的产业化和产业的数字化两个方面。

新旧动能转换既可以看作经济增长内在动力的变革，又可以视为产业结构的改变。数字经济增长速度快且规模不断扩大，在产业结构上表现出比重不断提高的趋势，成为新动能的主要构成部分和新旧动能转换的主要动力。

（一）数字经济的内涵阐释

数字经济（Digital Economy）的概念最早由多恩·塔普斯科特（Don Tapscott）在其1996年出版的《数字经济：网络智能时代的前景与风险》一书中提出。他认为，在传统经济中，信息流是以实体方式呈现的；在新经济中，信息以数字方式呈现，因此数字经济基本等同于新经济或知识经济。美国商务部于1998年和1999年连续发布两份关于数字经济的报告，使数字经济的概念更加广为人知，但2001年互联网泡沫的破灭使数字经济一度归于沉寂。随着以云计算、大数据、物联网、移动互联网、人工智能为代表的新一代信息技术的成熟和产业化，数字经济重新进入高速增长的轨道，新产品（服务）、新业态、新模式不断涌现。

比较具有共识的数字经济的定义是G20杭州峰会2016年通过的《二十国集团数字经济发展与合作倡议》提出来的，即"数字经济是指以使用数字化的知识和信息作为关键生产要素、以现代信息网络作为重要载体、以信息通信技术的有效使用作为效率提升和经济结构优化的重要推动力的一系列经济活动"。由于信息通信技术与产业的融合程度不同，人们对数字经济的理解也有所不同。朗玛娜·伯克特（Rumana Bukut）和理查德·希克斯（Richard Heeks）将数字经济划分为三个层次：第一层是核心层，他们称之为数字（IT/ICT）领域，包括硬件制造、软件和IT咨询、信息服务、电信；第二层是窄口径，他们称之为数字经济，包括电子业务、数字服务、平台经济；第三层是宽口径，他们称之为数字化经济，包括电子商务、工业4.0、精准农业、算法经济。分享经济和零工经济介于窄口径和宽口径的数字经济之间。

在我国，人们多把数字经济划分为数字产业化（狭义的数字经济）与产业数字化（广义的数字经济）两种类型。数字产业化等同于传统的信息产业，包括国民经济行业分类中的电子及通信设备制造业，电信、广播电视和卫星传输服务业，互联网和相关服务业，软件和信息技术服务业，等等。信息技术与国民经济其他产业部门的融合不断加深，从而在传统产业产生数字经济活动，这就是产业数字化或数字经济融合部分。与朗玛娜·伯克特和理查德·希克斯的划分相比，数字产业化大致相当于数字经济的核心层；产业数字化大致相当于窄口径的数字经济与宽口径的数字经济之和。不同国家、不同国际组织、不同机构在其研究或国民经济统计中会采取不同口径，由于IT或ICT产业具有更清晰的边界，因此核心层的数字经济或数字产业化的范畴应用更为普遍。

（二）新旧动能转换的多维考察

2008年国际金融危机，特别是2010年之后，我国经济增速有所下滑，从10%以上的高速增长进入中高速增长"新常态"，2015年以来经济增速回落至6%~7%。尽管经济增长速度随着经济体量扩大、经济发展水平的提高而下降，但我国仍然面临着人民日益增长的美好生活需要和不平衡不充分的发展之间的矛盾。国际环境复杂多变，产能过剩、僵尸企业、脱实向虚等问题较为突出，国家需要在经济发展质量不断提高的同时将增长速度保持在一个合理的水平。我国由于劳动密集型产业成本优势削弱、重化工业增长乏力以及复杂的国际环境，出口存在巨大的不确定性，因而需要加快培育壮大新动能、改造提升传统动能。推动新旧动能转换，对于解决我国经济中的深层次矛盾和问题、开启全面建设社会主义现代化国家新征程具有重要的意义，创新发展、新旧动能转换，是我们能否过坎的关键。

对于"新动能"或"新旧动能转换"的内涵，我们可以从两个角度加以考察。

从内在驱动力看，新旧动能转换就是经济增长动力的转换。按照经济增长理论，经济产出是资本、劳动力和技术的函数。改革开放初期，我国资本短缺而劳动力资源丰富，通过加入全球分工体系，充分发挥劳动力丰富、工资水平低的比较优势，实现了经济特别是制造业的高速增长。随着经济增长和资本的积累，我国已有能力进行大规模的基础设施、房地产等建设，这时投资又成为经济增长的重要推动力。2001—2016年，资本形成对GDP（国内生产总值）增长的贡献率基本保持在40%以上。为应对国际金融危机的影响，2009年和2010年资本形成对GDP增长贡献率分别高达86.5%和66.3%。随着我国低成本竞争力削弱、人口红利消退、政府负债率上升、生态环境压力加大，主要依靠投资、依靠自然资源投入的粗放型增长方式已经难以为继，经济发展必须转换到依靠创新、依靠知识和技术驱动的经济增长方式上来。

从外在表现看，新旧动能的转换就是产业结构的转换。国民经济由不同的产业部门构成，有些产业增长速度快，有些产业增长速度慢，在经济发展过程中就会出现高增长行业、带动作用大行业的不断更替现象，并由此带来产业结构的调整。总体上看，产业结构的转换过程是产业结构不断升级的过程，劳动密集型、资源密集型产业在产业结构中的比重不断下降，技术和知识密集型的高技术产业的比重不断提高。从这个意义上讲，旧动能是低技术、低效益、高能耗、高污染的传统产业，新动能是高技术、高效益、低能耗、低污染、高质量的战略性新兴产业和前沿技术产业。改革开放之初，我国的高速增长产业以纺织、服装、电子装配等劳动密集型产业为主；1998年后，我国开始了新一轮重化工业化，冶金、化工、建材、机械等重化工业部门保持较长一段时间的高速增长，成为经济增长的重要推动力，但是总体上看，劳动密集型产业处于全球价值链的低端环节，附加价值低，且随着工资持续上涨，竞争力正在削弱，已经开始向成本更低的发展中国家转移。重工业的发展不但产生了大量的污染物和温室气体排放，给生态环境造成巨大压力，而且随着交通基础设施主体框架的形成和"房住不炒"政策的确立，对以钢铁、建材为代表的重工业的国内需求增速下降，重工业增长乏力。各个地区、城市由于新旧动能转换速度不同，出现了经济发展的分化，旧动能比重大的地区由于旧动能弱化而面临较大的经济下行压力，新动能活跃的地区则因新动能的高成长性而成为经济增长的亮点。面对经济下行压力，以劳动密集型产业和重工业为主的产业结构，需要转移到以更符合市场需求和要素优势、技术含量和附加值更高、环境更友好的产业为主的结构上来。

（三）数字经济与新旧动能转换的内在关联

数字经济在世界各国普遍呈现高速增长的态势，其增速明显高于国民经济增速。G20国家中的发达国家2016—2017年广义数字经济（数字产业化和产业数字化）的平均增速为8.47%，而发展中国家平均增速高达16.83%。2006—2016年，美国实际GDP的平均增速为1.5%，而数字经济增加值的实际增速达到5.6%，其中，硬件平均增速为11.8%，电子商务和数字媒体平均增速为8.6%，电信业平均增速为3.6%。整体而言，数字商品增加值实际年均增速为9.1%，超过数字服务5.0%的增速。在云计算、人工智能、共享经济等新技术、新模式领域，数字经济的表现尤为突出。数字经济增长速度较快，其总规模和在国民经济中的比重不断提高。根据中国信息通信研究院的数据，2017年，美国广义数字经济规模高达11.50万亿美元，中国达4.02万亿美元，日本、德国超过2万亿美元，英国、法国分别为1.68万亿美元、1.04万亿美元；德国、英国、美国广义数字经济占GDP比重达60%左右，日本、韩国、法国、中国、墨西哥、加拿大、巴西的数字经济占GDP比重也超过了20%。

数字经济增长速度快、规模不断扩大，对GDP增长的带动作用非常显著。在一些地区，一个数字经济细分领域可能就会创造上百亿元的营收，对带动当地经济发展发挥着非常重要的作用。因此，数字经济被普遍认为是新动能的主要构成部分和新旧动能转换的主要推动力。数字经济不仅改变了经济增长动能的结构，而且提升了经济增长动能的质量，在科技创新、提高全要素生产率方面发挥着重要作用。有学者直接将新动能定义为"以互联网、大数据和云计算等新一代信息技术的应用为基础，以新技术的突破为依托，以新技术、新产业、新模式、新业态等'四新'为核心的影响经济社会发展、促进经济转型升级的产业驱动力",或者将新旧动能转换等同于"高技术制造业、数字经济、共享经济等新兴服务业的加快发展"。[①]数字经济作为新动能重要组成部分的思想,在政府政策中也多有体现。2016年的中央政府工作报告就提出"要推动新技术、新产业、新业态加快成长,以体制机制创新促进分享经济发展……打造动能强劲的新引擎"。

二、数字经济的新特征

新产业是新旧动能转换的支撑,而数字经济已经成为世界各国国民经济中最具活力且重要性不断加强的领域。数字经济作为新动能不断发力,是与其四个新特征紧密联系在一起的。

(一)颠覆性变革不断涌现

科技创新是经济发展的根本推动力。任何产业的发展都离不开技术的变革,但是数字经济与传统产业领域的创新存在巨大的差异。克里斯滕森在对传统产业研究的基础上提出了"颠覆性技术"(Disruptive Technologies)的概念。他认为,持续性技术(Sustaining Technologies)是针对市场上主流客户长期关注的性能,是对成熟产品性能的改进,而颠覆性技术带来了主流客户所忽视的价值主张。一般来说,颠覆性技术往往从利基市场或新出现的需求起步,其通常价格更低、性能更简单、体积更小,便于客户使用。即使颠覆性技术或颠覆性创新对领先企业形成巨大挑战,甚至导致领先企业失败,但其着眼点仍在传统企业,创新的频率、影响力和广度都无法与数字经济相比拟。

当前新一轮科技革命和产业变革正在全球范围兴起,数字技术、先进制造技术、新材料技术和生命科技加快成熟与商业化,包括互联网、移动互联网、云计算、大数据、物联网、人工智能、虚拟现实(增强现实/混合现实)、区块链、3D打印等在内的数字技术,无疑是新科技革命和产业变革的核心

[①] 张建华,张豪.中国经济转型发展与动能转换[M].武汉:华中科技大学出版社,2018.

驱动技术。与传统产业相比，数字经济的创新呈现创新频率高、影响大和覆盖范围广的特点。具体而言，其体现在如下方面：一是创新频率高。传统产业的技术相对比较成熟，技术突变少，新技术多与原有技术存在相似性和演进上的连续性。即使出现颠覆性技术，当其成为行业的主导技术后，也会进入一段持续时间较长的技术稳定期。例如，液晶电视取代阴极射线管电视、智能手机取代功能手机后，电视、手机的技术路线已经保持十余年的稳定，新技术主要是对产品性能的进一步提升。在数字经济领域，持续不断有新技术成熟并进入商业化阶段，形成新产品或新的商业模式。二是影响大。数字技术或新一代信息技术是典型的通用目的技术。通用目的技术具有应用范围广、技术改进持续进行、应用领域不断创新等特征。也就是说，通用目的技术不仅能够在多个行业甚至国民经济和社会的更广泛领域获得使用，而且会使其他产业的产品形态、业务流程、产业业态、商业模式、生产方式、组织方式、治理机制、劳资关系等方面产生颠覆性变革。三是覆盖范围广。在传统产业，颠覆性创新的发起者大多来自行业内部，是行业的其他在位者对领导者的挑战。就数字经济而言，颠覆性创新不仅由行业内部的在位企业发起，而且竞争的范围已经超越行业的边界，颠覆性创新经常来自产业之外，形成跨界竞争、降维打击的特点。例如，近年来中国移动的短信发送量严重萎缩不是来自其他运营商的竞争，而是由于微信成为更为便捷的日常沟通方式，取代了短信的功能；康师傅方便面销量的萎缩，也不是因为其竞争对手占据了更多的市场，而是蓬勃发展的外卖能够方便快捷地满足人们的用餐需求。即使一些看起来市场地位牢不可破的行业龙头，也由于颠覆性创新的出现而受到较大挑战。例如，大多数人都曾认为，电商市场已经形成阿里巴巴与京东双头垄断的市场格局，但没有料到拼多多另辟蹊径迅速发展壮大；微信的市场地位也曾貌似牢不可破，是用户停留时间最长的APP（应用程序），但字节跳动以今日头条和抖音两款产品抢走了微信的大量流量。

从总体来看，传统产业技术创新的突变较少，且技术仍然主要延续原有的路线，这样就造成传统产业具有路径依赖的特征，在位者的领先地位一旦建立就很难撼动，无论是新企业进入，还是一个新地区要发展，都会面临难以跨越的进入壁垒。比如，钢铁行业，我国尽管钢铁总产量持续增长，但已经很难有新企业进入，增量市场份额也只是在位企业间的瓜分。相反，数字经济领域颠覆性创新不断涌现，且技术、商业模式的发展方向难以预测，提供相同或相似效用的在位企业在新技术领域并不具备明显优势，甚至由于战略刚性对新的技术变革反应迟钝，因此在数字经济领域无论是对于国家、地区，还是对于企业，均存在大量"换道超车"的机遇。初创企业总会有机会在某些新产品或新模式创新中取得领先地位，并进而发展成为大企业，而后发国家和地区也有机会在新技术、新产品、新模式、新业态所形成的新产业中占有一席之地，甚至取得世界领先地位。

（二）平台经济与超速成长

在数字经济条件下，平台经济成为不同于传统产业的新型生产组织形态。平台是将不同用户聚集在一起的中介和作为用户活动发生的基础设施，是"一种基于外部供应商和顾客之间的价值创造互动的商业模式"，或者是"一种将两个或者更多个相互独立的团体以共赢的方式联通起来的商业模式"。平台是一种典型的双边市场，一边连接用户，另一边连接为用户提供商品或服务的供应商，并成为二者的信息撮合媒介和交易空间。典型的平台，如网购领域的天猫、京东以及社交领域的微信。根据供应商的来源和性质不同，平台可以划分为不同的类型，其中共享经济是近年来发展尤为迅速的一种。共享经济是"利用新一代信息技术平台，将个人或企业等组织闲置或未充分利用的商品、技能、时间、生产设施等资源，以较低的价格甚至免费的方式提供或转让给需要的个人或企业使用的一种新型的资源配置方式"。网约车领域的滴滴出行，房屋出租领域的小猪短租、Airbnb（爱彼迎），知识分享领域的知乎、Quora（问答 SNS 网站），技能分享领域的猪八戒，时间分享领域的亚马逊劳务外包平台 Amazon Mechanical Turk（AMT），等等，都是典型的共享经济模式。生产力的发展特别是计算机、云计算的普及，使普通人能够拥有进行生产活动的工具，从而摆脱对企业组织及其生产工具的依赖。加之生活水平提高后，人们希望追求工作时间上的自由，自我雇用受到越来越多人的青睐，"一种持续时间不确定的工作"即"零工经济"开始兴起。零工经济的发展，同样需要能够撮合劳动的供给方与工作或劳动成果需求方的工作平台。此外，越来越多产品或项目的开发、生产和维护不是企业化运营，而主要通过共同的兴趣爱好把众多分散的个人聚集到一个平台上，形成社会化的生产模式，如以维基百科为代表的众包模式、开源社区、慕课，等等。可以说，平台已经成为数字经济领域最常见的一种商业模式和生产组织形态。

在传统经济中，企业将具有所有权或使用权的商品或服务销售给其用户，而在平台经济下，平台可以充分调动平台之外的供应商（企业或个人），为平台另一侧的用户提供商品或服务，平台企业自身只需致力于平台这一基础设施建设。平台企业通过高效运转的平台实现供需双方的对接，其本身并不拥有在平台上所交易的商品或服务。正如古德温（Goodwin）形象的总结："Uber，世界上最大的出租车公司，不拥有自己的汽车；脸书（Facebook），世界上最流行的媒体所有者，却不创造内容；阿里巴巴，最有价值的零售商，却没有自己的存货；Airbnb，世界最大的住所提供商，却没有自己的不动产。"在传统产业中，企业成长主要依赖于自身的资源和能力。即使企业可以通过融资、兼并等活动加快扩张发展的速度，但仍然要受制于企业自身的资源和能力。资源的积累和能力的形成、发展受到各种各样的限制，且往往需要经历一个较长时期，造成企业的成长速度有限，但平台企业可以利用外部的个人或企业作为其产品或服务的供应商，而且互联网是没有边界的，只要一根网线相连，分布在世界各地的个人或企业都可以成为一个平台的供应商。因此，平台打破了企业自身资源、能力对成长的束缚，平台企业的成长速度要比传统企业快得多，从而数字经济的增长速度要比传统产业快得多。2007年第四季度的世界10家市值最大的公司中，只有微软一家是平台企业，到 2017 年第四季度则有苹果、Alphabet（谷歌的母公司）、微软、亚马逊、脸书、腾讯、阿里巴巴 7 家公司是平台企业。独角兽（Unicorn）企业是在某个专业领域处于领先地位且估值超过 10 亿美元的未上市公司，大多数独角兽属于初创企业。从独角兽企业的成长中，我们也可以看到平台企业的超速成长规律。在 2017 年 CB Insights（硅谷独立智库）公布的世界独角兽企业中，中国估值排名前十位的独角兽企业，成立时间最早的大疆创新也不过 10 年时间，而估值最高的滴滴出行只用了四五年的时间就达到 500 亿美元的估值。在传统经济时代，一家公司从成立到成为 10 亿美元以上估值或市值的公司需要长达几十年时间，而 BCG（波士顿咨询公司）等机构联合发布的一份报告显示，美国独角兽企业从创立到估值达到 10 亿美元平均需要 7 年，2 年以内成为独角兽的企业约占 9%；中国独角兽企业从创立到估值达到 10 亿美元平均只需 4 年，2 年以内成为独角兽的企业约占 46%。

（三）网络效应与"赢家通吃"

"旧的工业经济是由规模经济驱动的，而新经济的驱动力量是网络经济。"网络效应是网络型产业，特别是数字产业的典型特征，简单地说，就是大网络比小网络更具吸引力。网络效应或网络外部性有三种类型，分别是直接网络效应、间接网络效应和跨边或双边网络效应。直接网络效应是指一种产品或服务的用户数量越多，该产品或服务带给用户的价值越大。典型的，如电话，当只有一个人拥有电话时，电话对用户的价值为零；随着拥有电话的人数越多，每一个电话订户能够联系到的人越多，电话对用户的价值越大。间接网络效应是指一种产品或服务的互补品的数量越多，它能够给用户带来的价值越大。典型的，如计算机操作系统，操作系统本身具有的功能有限，计算机性能的发挥取决于运行于操作系统上的应用软件的多寡：软件越丰富，该操作系统带给用户的价值就越大。跨边网络效应是指平台能够带给一侧用户的价值取决于平台另一侧的用户数量，一侧的用户数量越多，带给另一侧用户的价值越大。典型的，如网约车服务，使用网约车APP的用户越多意味着需求越多，更多的需求可以吸引更多的司机，更多司机的加入使得网约车服务覆盖的地理范围更广，从而司机接单更快、用户打车更容易、价格更低，这又会进一步吸引更多的司机和用户使用。

网络效应的存在意味着当企业在具有网络效应的市场中竞争时，如果一家企业的产品或服务能够更快获得足够数量的用户或供应商，那么正反馈机制就会发生作用，更多的用户或供应商使该平台的价值更大，从而进一步吸引更多的用户或供应商入驻该平台；反之，如果该企业不能够获得足够数量的用户或供应商，负反馈机制就会发生作用，从而在竞争中落败。传统产业进入成熟期后，虽然也会有一些企业市场份额处于领先地位，但整个产业通常会有多家规模相对较大的企业，形成多家企业共同瓜分市场的垄断竞争格局。就数字经济产业而言，由于网络效应的存在，往往是最早引发正反馈机制的平台成为最终胜利者，而且将会赢得大多数市场份额，即呈现所谓的"赢家通吃"特征。

从国家或地区产业发展的角度来看，人口数量大、购买力强意味着具有数量更多的潜在用户，这就为正反馈机制的启动和网络效应的发挥提供了条件。目前，世界上数字经济发展形成了美国与中国两强并立的格局，美国与中国的数字经济规模分居世界第一位和第二位，两国集中了世界上区块链相关专利的75%，物联网全球支出的50%，云计算市场的75%以上，世界上最大70个数字平台市场资本化价值的90%。2019年独角兽企业名单中，全球共有独角兽企业391家，估值总额12 134.6亿美元。其中，美国独角兽企业192家，估值总额达6035.6亿美元，分别占世界的49.1%和49.7%；中国独角兽企业96家，估值总额达3539.7亿美元，分别占世界的24.6%和29.2%；排名第三位国家的独角兽企业数量和估值额仅占世界的5%左右。两强并立的数字经济格局与其经济地位和巨大的人口规模是一致的。中国具有世界上最大的人口规模，不仅网民数量增长很快，而且网民的年龄结构相对比较年轻；中国政府长期以来高度重视通信基础设施的建设，移动网络基本覆盖到村，而且连续多年的"提速降费"和智能终端价格下降，大幅度地提高了互联网的普及率；世界上最大的制造业能力和物美价廉的制成品价格、相对较低的工资水平，为中国数字经济发展提供了丰富的产品和劳动力供给。人口规模优势在中国数字经济的发展中发挥了重要作用。需要注意的是，"赢家通吃"并不意味着"赢家"的地位无法撼动，如果"赢家"创新乏力或缺少对用户的关注，也可能会导致产品吸引力的下降；竞争对手也可以在细分市场进行差异化竞争，或者开发出性能更加优异、技术功效优势能够抵消因自身用户规模小而带来的"网络效应"弱势的产品。

（四）"蒲公英效应"与生态竞争

仙童半导体公司（Fairchild Semiconductor），无论是在硅谷历史上还是半导体产业发展史上都是一家举足轻重的公司。硅谷有92家公司可以直接追溯到1957年成立的仙童半导体公司，前仙童员工创立或由前仙童员工成立的公司参股、投资的仙童"校友"公司有很多家，Instagram（照片墙）、Nest（谷歌子公司）等公司都与仙童半导体公司渊源颇深。史蒂夫·乔布斯曾这样形容仙童半导体公司："仙童半导体公司就像成熟了的蒲公英，你一吹它，这种创业精神的种子就随风四处飘扬。"互联网产业发展早期出现的在线支付工具贝宝（PayPal），其早期成员后来创立了包括电动汽车后起之秀特斯拉、火箭发射的颠覆者SpaceX（太空探索技术公司）、最大的视频网站Youtube（油管）、最大的求职网站LinkedIn（领英）、美国最大点评网站Yelp（大众点评网）等在内的数十家公司，贝宝的早期成员也被称为"贝宝黑帮"（Paypal Mafia）。在中国，也出现了数字经纪公司扎堆聚集的现象，这些公司许多都与早期的互联网公司或目前的互联网巨头有着千丝万缕的联系，正如蒲公英一样，把数字经济发展的种子撒播下去，并萌发出一片绿色的田园。

一个国家或地区产业的竞争，不是单个企业之间的竞争，而是包括整个产业链上下游企业和配套企业、基础设施在内的整个产业生态的竞争。良好的基础设施、完善的上游配套、各种类型的生产性服务企业的聚集，有利于促进产业创新、降低生产成本。其中，大企业在一个地方的落户或形成对当地产业生态的完善具有至关重要的作用，在数字经济领域表现得尤为明显。第一，大企业会带动大量配套企业的聚集。在高度专业化的现代经济中，大企业一般专注于产业链的关键环节，其他投入要素通常从市场购买，因此随着企业由小到大的发展壮大，会在其周围聚集一批配套企业；大企业到某个地区进行投资，更会直接将自己的供应商带动过去。第二，大企业是中小企业生成的母体。大企业拥有众多的业务部门和业务环节，这些部门和环节的发展壮大有可能独立出去，成为新的企业。近年来，越来越多的大企业开始鼓励内部创业、进行风险投资，从而带动与其在所有权上具有紧密联系的中小企业的发展。大企业在技术、管理、供应链、渠道等方面都具有优势，能够培养大量的科技和管理人才，其中一些高管成为投资人，一些人才离职创业等，都会促进中小企业的大量形成。数字经济领域的颠覆性创新层出不穷，许多新领域的创业者来自大型互联网公司。第三，大型平台企业为中小企业搭建了成长生态。为了建立用户基础、实现"赢家通吃"，平台型企业本身需要吸引供应商作为平台另一侧的用户提供服务，因此大型平台企业会支持互补品供应商发展，而平台作为一种基础设施也能够降低中小企业的进入门槛。第四，已有的数字经济企业会孕育新技术、新产业。数字经济领军企业为了更好地发展现有业务或更好地支撑生态企业的发展，具有采用新技术的内在动力，新技术与它们既有的优势相结合还可能产生化学反应，形成具有巨大成长潜力的新产业。

总的来说，云计算、大数据、人工智能、金融科技等数字经济前沿技术与新兴产业的领先公司以原有的互联网企业为主。例如，亚马逊、阿里巴巴将它们冗余的计算、存储能力外销，带动了云计算产业的发展；人工智能成为大型互联网公司必不可少的基础技术。

三、数字经济新动能的形成机制

如果将新旧动能转换看作产业结构的变化，那么新旧动能转换主要有三种形成机制：一是新产业的形成，通俗地说就是"无中生有"。一项技术通过工程化、商业化开发形成新的产品（或服务、业态、商业模式），如果新产品的市场反响好，需求不断扩大，那么就会有大量生产企业和配套企业涌入，最终形成一个新的产业。二是传统产业的改造升级，通俗地说就是"有中出新"。虽然产品的基本结构、功能没有发生根本性的转变，但是通过新技术的使用，现有产业的技术水平获得提升、产品功能更加丰富或增强、生产工艺更加优化，能够扩大市场销量或者降低生产经营成本，从而使产业获得较快的发展。三是落后产业的淘汰。在新动能不断发展壮大的过程中，那些缺乏竞争力的企业会退出市场，如果退出成为行业的普遍行为，整个行业就会萎缩甚至消亡，旧动能会被淘汰。新旧动能转换要坚持"增量崛起"与"存量变革"并举。

第一，数字经济领域不断有颠覆性创新涌现，意味着不断有新的市场机会，这些市场机会吸引在位企业和新的创业者推动技术的产业化，开发新产品、新服务、新模式和新业态。如果说20世纪90年代互联网起步阶段的颠覆性创新多集中于新模式且服务对象以终端消费者为主，那么云计算、大数据、物联网、移动互联网、人工智能等技术的成熟则将互联网推入产业互联网时代。颠覆性创新不仅包括新模式，而且包括新产品和新服务；不仅面向终端消费者，而且服务于实体经济和企业用户；不仅催生新的细分产业，而且会为传统产业赋能，使之在技术、质量、效率、效益等方面产生巨大改变。

第二，当新技术与市场需求相契合，颠覆性创新进入商业化、产业化阶段后，企业可以通过建立数字化平台，发挥平台经济、分享经济、零工经济和开源经济等模式的优势，吸引并充分利用企业外部丰富的资源提供产品和服务，打破自身资源和能力的限制，实现超速成长。特别要重视发展"产销合一"模式，将平台广大的消费者变为消费者，实现外部资源利用范围的最大化。近年来发展迅速的微信、微博、抖音等，都是消费者直接参与内容生产的典型。用户的直接参与不但丰富了平台的内容，而且增加了平台对用户的黏性。

第三，由于网络效应的存在，巨大的人口规模构成我国数字经济发展的基础，这也是我国相对于大多数国家的数字经济发展优势。一旦一种数字技术获得成熟，走向商业化，就会获得足够多的用户基础，引发正反馈机制而发展壮大，但是也要看到，互联网无论是在供给方还是在需求方都打破了地域空间的限制。从企业的角度来看，它将会面对来自全国甚至更广泛范围内的激烈竞争，很难像传统产业一样偏安一隅而生存。因此，企业在推出一项新技术、新产品、新模式、新业态后，要尽可能快速地扩大用户基础，形成相对于竞争对手的网络价值优势。这也是数字经济领域一项新业务在起步初期采取免费甚至补贴策略，导致价格战比传统产业更为激烈的重要原因。从中央或地方政府的角度来说，如果能够给初创数字经济企业提供一定的市场支持，就能够加快企业发展，帮助其成为市场中的头部赢家。

第四，当一家初创的数字经济企业发展成为行业领先企业特别是平台企业后，"蒲公英效应"会开始发挥作用。全国性和全球性的平台将会为作为平台供应商的中小企业创造更好的发展条件，提供更好的市场机会。对于一个地区来说，更重要的是该企业培养的技术和管理人才、实现财务自由的高管团队、企业带来的外部资金和人脉，将会促进更多的数字经济初创企业发展，使该地区成为数字经济的集聚地，甚至会在数字经济的某些细分领域成为全国的领先地区。在我国互联网领域，以百度、阿里巴巴与腾讯公司为代表的互联网公司衍生出一大批创业公司，深圳、杭州等城市成为互联网创业的热土和互联网重镇。

以云计算、大数据、物联网、移动物联网、人工智能、区块链、虚拟现实/增强现实/混合现实为代表的新一代信息技术,是当前技术创新和商业投资最活跃的领域,数字经济成为新旧动能转换的重要机遇和动力。具体来说,数字经济推动新动能的形成主要有三条路径:第一,新技术成为新产业。随着一些新数字技术逐步成熟、成本持续降低,市场需求会不断被激发,而市场需求的扩大会吸引大量的企业进入,并为企业提供发展壮大的空间。当新技术的产业化形成一定规模后,新产业就会形成。云计算、大数据等产业都经历了从无到有、从小到大的发展壮大过程。第二,新技术催生新模式,新模式成为新产业。有时不是新技术本身发展成为新产业,而是在新技术的推动下形成新的商业模式或产业业态。这些新模式、新业态往往是新技术与既有产品或服务相结合的产物,由于解决了用户痛点、迎合了新的需求而获得快速发展。例如,电商降低了实体店铺的成本,极大地扩展了销售范围,使"长尾"产品的价值得以发现;网约车提高了车辆与乘客之间的匹配效率,减少了车辆的空驶率,缩短了乘客等车的时间。第三,新技术赋能传统产业。数字技术是通用目的技术,也是重要的赋能技术,能够帮助传统产业驱动产业效率提升、推动产业跨界融合、重构产业组织的竞争模式以及赋能产业升级,通过降本、提效、创新路径实现传统产业业绩提升目标。面对新一轮科技革命和产业变革带来的历史机遇,我们"要推动产业数字化,利用互联网新技术新应用对传统产业进行全方位、全角度、全链条的改造,提高全要素生产率,释放数字对经济发展的放大、叠加、倍增作用"。

四、推动数字经济新动能加快培育的政策建议

颠覆性创新不断涌现、平台经济与超速成长、网络效应与"赢家通吃"、"蒲公英效应"与生态竞争等新特征使数字经济创新活跃、成长迅速,成为当前新旧动能转换的重要推动力,特别是对于后发国家和地区更是寻求新动能、加快经济发展的契机。要进一步推动数字经济发展、加快新旧动能转换,我们可从以下五方面着力:

（一）持续优化软硬环境，促进创新创业创造

加大对数字技术基础科学与产业共性技术研究的投入力度，并鼓励企业加大投资。除重视大数据、物联网、人工智能、5G（第五代移动通信技术）等，我们还应重视6G（第六代移动通信技术）、虚拟现实、区块链、量子计算等更前沿的技术研究，对已有产业化基础的，要进一步推动其技术向前发展，通过前沿数字科技的率先突破抢占数字技术产业化的先机。在国家"新基建"战略中，我们应加强数字经济基础设施的建设，加快5G和Wi-Fi6（第六代无线网络技术）的商用和覆盖，制定物联网标准，对包括制造业在内的实体经济进行数字化改造；继续推动孵化器、加速器、创业园等"双创"载体建设，不断完善注册、招聘、融资、专利申请、法务等相关配套服务；进一步规范厘清大学、科研院所科研人员和学生科研成果的知识产权归属，支持科研人员以休假和停薪离职、在校学生以休学等方式进行创业。

（二）加大技术创新成果早期市场支持力度，加快新动能发展壮大

在技术创新成果工程化、商业化的早期提供市场支持，是基于该技术的产业加快形成的重要手段，在许多前沿技术产业的发展中发挥过重要作用。由于网络效应的存在，早期市场支持使前沿数字应用获得用户基础，进而发展成为主导设计尤为重要。具体来说，包括在国防军工领域加快最新数字技术的应用，促进数字技术的成熟和将来向民用领域的扩散；加强对数字产品和服务的政府采购力度，推动智慧医疗、智慧交通、数字政务、智慧城市等发展；坚持包容审慎的监管政策，为数字经济发展创造宽松的环境，间接创造市场。

（三）支持数字经济细分领域发展，形成产业自生能力

比较优势既可以来自土地、资源、区位、人口等天然的生产要素，又可以来自后天形成的产业分工与配套、高素质人才以及蕴含整个产业生态系统

之中的科学技术、知识能力，而后者的形成需要对该产业领域持续的资金和人才投入。从这个意义上说，产业的发展并不一定完全遵循比较优势路径，产业政策在其中能够发挥重要作用。如果一个国家或地区对某个数字经济细分领域进入早、投入大，就有可能取得领先地位。例如，贵阳市就通过较早实施大数据发展战略，成为国内重要的大数据产业集聚地。由于前沿技术的不确定性较大，由政府采取"选择优胜者"的做法对特定产业进行支持存在一定的失败风险，但是政府可以在专家充分论证分析的基础上，选择那些即将进入产业化阶段且进入企业（或地区）较少的产业进行大力扶持，以政府产业引导资金、优惠政策带动社会资本的投入。

（四）实施"互联网+"与"智能+"，赋能传统产业

数字技术的经济发展带动作用既包括自身的产业化，又包括为其他产业赋能，而赋能传统产业的影响更广，而且反过来又会进一步带动数字技术产业的发展。因此，我们应大力推动新一代信息技术向传统产业领域的扩展、应用与融合。由于新一代信息技术在传统产业作用发挥的程度，不仅取决于信息技术的发展水平，而且取决于传统产业本身的信息化基础和技术水平，因此，我们需要支持传统产业中的企业加强信息化、数字化改造，如"以机器换人"、采用数控设备、实施"企业上云"，为信息技术赋能奠定基础；加强对具体细分产业的产业技术基本科学原理研究和生产工艺的开发改进，打好产业基础高级化、产业链现代化的攻坚战；推动对传统产业与数字技术融合的产业共性技术研究，打破制约传统产业数字化转型的技术瓶颈，及时总结传统产业数字化转型的成功经验，组织示范遴选与宣传推广。

（五）鼓励数字经济龙头企业走出去，扩大数字经济全球影响

当前我国国内面向终端消费者的互联网红利趋于耗尽，消费互联网发展遇到瓶颈，"走出去"成为数字经济企业的重要方向。我国在云计算、人工智能、5G等新一代信息技术的科技水平、产业化程度、产业规模等方面已

居于世界前列，新模式创新活跃且涌现出一批热门应用，为数字经济企业"走出去"奠定了基础。一方面，我国要支持数字经济龙头企业与发达国家企业开展合作，输出人工智能、5G等领域的先进技术，也要积极在发达国家建立研发中心，提高我国企业的技术水平。另一方面，我国要借助共建"一带一路"倡议的契机，帮助发展中国家完善信息基础设施，推动与我国的信息基础设施互联互通，促进大数据、云计算等基础设施业务的发展；同时将我国成功的数字经济商业模式、业态在"一带一路"国家和地区进行推广，为我国数字经济企业开拓更广泛的成长空间。

第二章　数字经济的发展及管理创新

发展数字经济，需要相应的技术支持和产业支撑。我国数字经济增长不能过度依赖发达国家的技术，应培养我国自身的技术与产业基础。因此，我国必须加快与数字经济相关的前沿技术领域革新能力建设，同时，稳固相关产业对数字经济发展的支撑根基。

第一节　数字经济的基础产业

一、电子商务产业

（一）电子商务产业概述

电子商务是指借助电子手段进行的商务活动，具体而言，是指经济活动主体之间利用现代信息技术，基于计算机网络开展的商务活动，实现网上信息搜集、接洽、签约、交易等关键商务活动环节的部分或全部电子化，包括货物交易及服务交易等。电子商务主要的关联产业包括制造业、运输业、仓储业、邮电业、电子信息业等。

1. 电子商务的基本组成

电子商务（简称"电商"）是应用现代信息技术、数字技术，对企业的各项活动进行不间断优化的过程。电子商务的过程包括四个要素，即商城、消费者、产品、物流；三个环节，即买卖、合作、服务。买卖环节是指各大购物网络平台通过为消费者和商家搭建电子交易平台，确保商家可以在平台上销售商品，消费者可以在平台上购买到更多质优价廉商品的交易过程。合作环节包括电商平台与商品提供商建立的合作关系、电商平台与物流公司建立的合作关系及商品提供商与物流公司建立的合作关系，这些合作关系不仅为消费者的购买行为提供保障，也是电商运营的必要条件之一。服务是电商的三个环节之一，其中包括售前的咨询服务、售中的物流服务及售后的退货、修补等服务，从而完成再一次的交易。同时，服务还包括如下四方面的关系：①交易平台。第三方电子商务平台是指提供电子商务服务的信息网络系统总和，这些服务包括撮合交易双方交易及其他相关服务。②平台经营者。第三方交易平台经营者是指在从事第三方交易平台运营中为交易双方提供服务，并在工商、税务等行政管理部门领取了相关执照的自然人、法人或其他组织。③站内经营者。第三方交易平台站内经营者是指在电子商务交易平台上，为保障交易的顺利进行提供相关服务的自然人、法人和其他组织。④支付系统。支付系统是指由为买卖双方提供资金进行支付、清算服务的机构与传送支付指令和进行资金清算的技术手段、工具组成的系统，旨在实现资金的转移和债券债务清偿的金融安排，又被称为清算系统。电子商务形成了一个从产品信息搜集到物流，再到在线支付的完整的产业系统。电子商务不再只是买卖双方之间交易的简单电子化，其他行业机构，如银行、物流、软件、担保、电信等也开始逐渐围绕网络客户的需求进行聚集，通过互联网这一"虚拟园区"交织成庞大的新产业环境，同时进行更广泛的资源整合。电子商务是一系列有密切联系的企业和组合机构，以互联网为沟通合作的工具和相互竞争的平台，通过虚拟合作等形式实现了跨越地理位置界限的资源共享和优势互补，形成的一个有机的系统性产业——电子商务产业。

2. 电子商务的特征

电子商务产业是现代服务业中的重要产业，具有高人力资本含量、高技术和高附加值的"三高"特征及新技术、新业态和新方式的"三新"特征，素有"朝阳产业""绿色产业"之称。结合电子商务系统的内在机制、关系和性质来看，电子商务还具有四方面的主要特征：一是广泛的沟通机制。电子商务凭借网络工具，造就了一个真正意义上的无形市场，为企业提供了无形的商机，使交易的参与者、交易的场所、交易的支付结算形式打破了时间和空间的界限，为企业提供了无限的潜在商机。二是信息的及时性、完备性。电子商务应用于互联网，企业可以及时发布信息，消费者也可以及时获取信息。同时，针对企业本身及企业生产的产品质量信息，消费者可以通过搜索引擎对其有一个比较全面的了解。三是信息的动态更新。数字经济下电子商务产业的各种信息一直在不断持续更新。供求信息不停更新，商品资金不停流动，交易双方也在不停变更。四是形成全球统一的市场。通过国际互联网，地球一端的交易者可以和另一端的交易者进行实时在线交易，资金可通过电子支付客户端在极短的时间内从一端转向另一端，货物也可以通过现代发达的航空、铁路、海运等物流方式，在很短的时间内到达购买方的手里。

（二）电子商务产业的发展历程及状况

电子商务是随着计算机技术及信息技术的发展而发展的，自计算机技术及信息技术诞生之初，世界各国就重视其在商务中的应用。电子计算机普及率的迅速提高及互联网的高速发展，使以互联网为基础的电子信息基础设施成为现代传播信息的主要手段，电子商务产业开始逐渐形成。世界电子商务产业的发展大概经历了以下四个阶段：

第一阶段：从19世纪30年代开始的以电子通信工具为基础的初期电子商务。该阶段人类开始使用电报、电话、传真、电视等电子手段进行传递信息、交接商务文件、谈判、支付及广告等商务活动。在电报发明之后，电子手段首次被人们运用于进行商务活动的实践，电信时代的序幕也由此拉开。用声音传递商务信息开始于贝尔和华生在19世纪70年代发明的电话。受技术限制，人们只是尽可能地运用一些电子手段来为商务活动提供便利。

第二阶段：兴起于20世纪60年代，以电子数据交换为基础的电子商务。该阶段主要表现为伴随着个人计算机的诞生及企业间专用网络的不断发展。作为电子商务应用系统雏形的电子数据交换（Electronic Data Interchange,

EDI）技术和银行间的电子资金转账（Electronic Funds Transfer，EFT）技术开始应用于企业间信息的传递，可以使商业信息、数据和文件等及时从一台计算机传递到另一台计算机，提高商业的运营效率，降低商业成本，但企业使用专用网络与设备的费用太高，由于缺乏相关人才，严重影响了电子商务的发展。

第三阶段：开始于 20 世纪 90 年代的以互联网为基础的电子商务。该阶段由于互联网在全球迅速普及和发展，一种以互联网为基础的电子商务运营模式出现。该模式以交易双方为主体，借助网上支付和结算工具，以客户信息数据库为依托成为现代电子商务产业运营模式的雏形。

第四阶段：从 21 世纪开始人们就进入 E 概念电子商务阶段。该阶段随着电子商务的深入发展和人们对电子商务认识的深化，人们对电子商务的内涵和实质有了更新和更全面的认识，认为电子商务实际上就是将电子信息技术广泛地应用于各种商务活动。现代经济是商业经济，现代人类社会活动也都或多或少地涉及商务活动，因此现代电子信息技术使电子商务可以更多、更大范围渗透人类社会活动成为可能，使电子商务活动可以与教育、医疗、金融、军事和政府等相关领域结合，拓展电子商务的作用领域，E 概念由此形成。比如，与教育结合形成的电子教务——远程教育成人高校、与医疗结合衍生出的电子医务——远程医疗等，其实质是将电子信息技术应用于社会各个领域，从而扩大电子商务的作用域，使得电子商务全面地融入社会各个领域。

现今，随着云计算、物联网、大数据技术的日渐成熟和广泛应用，电子商务产业在 E 概念电子商务阶段得到了进一步的发展且发生了很多的变化。

一方面，电子商务受物联网影响而产生变化。一是产品的质量监控得到完善。借助条码技术、二维码技术、RFID（射频识别）技术和 GIS（地理信息系统）技术等，人们可以对产品生产、运输、存储、销售的全过程进行监控。当进入生产阶段时，投入生产的原材料就要嵌入 EPC（电子产品编码）标签，产成品投入市场成为消费品 EPC 标签一直存在，并将记录下产品生产、运输、存储、销售的全过程的所有信息。如此，消费者在购物时，只需查询EPC标签便可知道商品的所有信息，从而实现对产品质量的全面监控。二是供应管理得到改善，物联网主要影响供应链的制造环节、仓储环节、运输环节和销售环节，其发展有利于提升企业和整个供应链对复杂多变市场的反应能力，加快企业的反应速度。三是物流服务质量得到提升。其基本原理同以上第一和第二点一样，利用物联网的感应、辨析、互联技术，实现对查询和实时的追踪监控。物联网对物流的主要影响如下：实现自动化管理，即获取实时数据、自动分拣等，提高作业效率，改变仓储状况；降低仓储成本；提高服务质量，优化整合供应链各个环节；促进物流信息化等。

另一方面，电子商务受大数据的影响而产生变化。一是实现渠道优化。大数据的本质就是从海量的数据中找出全面有效的信息，使电商企业能寻找到更多的目标客户，优化营销渠道和资源的投放量。二是精准推送营销信息。从海量数据中分析出目标客户更多信息，包括年龄、性别、偏好等，就可以向目标客户发送其感兴趣的营销信息。三是连接线上、线下营销。电商企业可以通过互联网在线上将客户需要的信息发送给客户，如果客户对产品持怀疑态度，即可联系线下当面交易。

电子商务整合了商务活动中的人流、物流、资金流、信息流，使电子商务产业更加具有市场全球化、交易连续化、成本低廉化、资源集约化等优势。现代技术强力推动了世界各地区对电子商务产业的重视，全球电子商务市场获得了高速发展。

在我国，电子商务产业受技术、政策等内外因驱动，电子商务市场规模保持快速增长。

二、信息技术产业

（一）信息技术产业概述

信息技术产业是指运用信息技术工具，进行搜集、整理、存储和传递信息资源，提供相应的信息手段、信息技术等服务及提供与信息服务相关设备的产业。信息技术产业主要包括以下三个行业：一是信息设备制造行业。该行业主要从事电子计算机的研究和生产，包括相关机器设备的硬件制造和计算机的软件开发等，如计算机设备和程序开发公司等。二是信息处理与服务行业。该行业主要利用现代电子计算机设备和信息技术搜集、整理、加工、存储和传递信息资源，为相关产业部门提供所需要的信息服务，如信息咨询公司等。三是信息传递中介行业。该行业主要从事利用现代化的信息传递中介，及时、准确、完整地将信息传递到目的地，如印刷业、出版业、新闻广播业、通信邮电业、广告业等。

1. 信息技术产业的特征

信息技术产业是综合性的信息产业。信息技术应用的广泛性、信息传播的普遍性及信息技术产业的高渗透性和关联性，使信息工作部门广泛融入其他产业。现代信息技术已经渗透到社会经济活动的各个模块，从CAD（计算机辅助设计）应用、产品样品的快速成型到产品生产过程和控制的自动化、产品仓储的智能化管理、产品营销的数字化（电子商务），当今社会中各个产业的市场价值和产出中无不包含着信息技术、信息劳动的价值。在这些部门中越来越多地应用现代信息技术和知识信息，并且实现价值"增值"的部分比重越来越高。信息技术产业以现代科学理论和科学技术为基础，采用了最新的计算机、互联网和通信等电子信息技术，是一门极具科技含量的服务型产业。信息技术产业的发展可以提高国民经济增长率，改善国民经济发展结构，对整个国民经济的发展具有重大意义。信息技术产业借助现代信息技术来进行相关产业活动，提升了经济信息的传递速度，使经济信息的传递更加及时、可靠和全面，进而提高各产业的劳动生产率。信息技术产业加快了科学技术的传播速度，缩短了科学技术从发明到应用于生产实践的时间。信息技术产业的发展促进了知识密集型、智力密集型和技术密集型产业的发展，有利于国民经济发展结构的改善。

2. 信息技术产业的作用

随着世界科学技术的迅猛发展和产业结构的日益升级，以搜集、整理、存储、生产、销售信息服务商品和提供与信息服务相关设备为主要业务的现代信息技术产业，在世界经济或一国国民经济中成了非常重要的基础性和支柱性产业。

首先，信息作为经济中的基础性资源发挥着越来越重要的作用。信息技术为人们搜集、整理、扩充、使用信息提供了多种便利条件。IT技术及相关制造业的高速发展，不仅使计算机网络系统、光纤等铺设成本大大降低，而且使生产、处理和传输信息的设备成本大大降低。现代信息服务企业通过搜集、整理、存储、分析信息转型为海量信息源的提供商，满足人们生产、生活对信息的需求。各个领域的专家、学者及政府部门得到需要的信息越多，则科学研究、政府决策的效率就会越高。因此，信息资源日益成为物质生产力提高及社会财富产生的源泉。

其次，信息技术产业促进社会经济向信息化、数字化转型。信息技术作为基础商品和服务的领域正在不断扩大，而信息商品及信息处理作为扩展商品和服务生产领域的重要因素，二者的有机结合，提高了社会财富的生产效率。信息技术产业的发展在提高社会经济效益的同时，已经成为重要的国民经济增长点。

再次，信息是世界共同的"语言"，信息让世界联成一体。世界上从事与信息有关的工作、活动的人越来越多，信息技术产业的规模越来越大，使信息技术产业成为最能容纳就业人数的产业部门，进而成为国民经济中发展最快的产业。

最后，信息技术是未来经济中具有最大潜在效益的产业。信息技术产业的发展为其他产业销售产品提供了巨大的潜在市场，将强有力地带动相关产业的发展，所以信息技术产业成了社会生产力发展和国民经济增长的新生长点。

20世纪90年代以来，作为现代高新技术基础的信息技术，获得了突飞猛进的发展，不仅推动了信息技术与经济活动的高度渗透与融合，使得信息技术产业具备极强的渗透性、带动性，而且在不断的创新与扩散、发展和迭代中，带动了一系列相关产业的发展。信息技术产业已经成为集知识密集、智力密集、高投入、高增值、高增长、高就业、省能源、省资源于一体的综合性产业。

（二）信息技术产业的发展历程及现状

在人类诞生初期，人们仅仅依靠手势、眼神传递信息，依靠"结绳"记事。语言的形成使人类的信息交流方式取得革命性进展，而文字的出现使人类文明出现重大转折。文字出现后，文字最初主要以甲骨、竹简、衣帛等为载体。由于信息载体的制约，信息的传播十分困难，传播范围也十分有限，因而，信息业的规模很小，只是处于萌芽初期。真正对信息业发展起关键性作用的是造纸术和印刷术的发明与应用。由于从根本上解决了信息大批量复制和传播困难的难题，造纸术和印刷术的发明不仅促进了信息业的形成，而且有力地推动了人类的文明。以造纸术和印刷术的发明与应用为标志，信息技术产业从形成到发展，先后经历了以下几个阶段。

1. 传统信息产业时代

传统信息产业时代，开始于16世纪中叶，是以传统图书为信息传递工具和载体的时代，是图书开始逐步普及的时代。这一时期，信息产业的代表性部门包括传统的图书出版业、造纸业、印刷业、图书发行业等。纸的发明，既为当时的经济活动增加了新兴造纸业，又推动了图书、报纸等出版物的出版发行和邮政业务的发展。图书业真正诞生于我国西汉末期。造纸术、印刷术是传统信息产业时代的主要信息技术。这一阶段信息产业发展的特征是：作为信息支撑部门的造纸、印刷技术较落后，信息生产能力与效率较低。这一阶段信息产业的总体规模不大。

2. 大众媒介传播时代

大众媒介传播时代，是从16世纪中后期到19世纪中期。随着工业革命的开始和近代科学技术的迅猛发展及民主的普及，人类对信息的需求剧增，印刷等信息技术取得重大进步，图书出版业发展迅猛。现代报纸和期刊的出现，使信息产业发展进入大众媒介传播时代。该阶段的特点是：传统的图书出版业规模进一步扩大，现代造纸、印刷技术与产业迅速发展，报纸等媒介的影响迅速扩大。现代报纸和期刊的出现开创了信息产业发展的新时代——大众媒介传播时代。

3. 现代信息产业时代

从 19 世纪 40 年代人类历史上第一封电报的发出开始，信息技术产业的发展迈入以电信号为传输载体的现代信息产业新阶段。该阶段，信息技术产业突飞猛进，开始在现代经济中扮演越来越重要的角色。一些革命性的信息技术创新不断出现，如电话的发明、大西洋电缆的成功铺设、世界第一个广播电台的开播等。每一次信息技术的进步都会使信息技术产业的内涵有所改变、规模进一步扩大。图书出版业、印刷和造纸业、大众传媒业继续扩大，广播电视产业和通信产业成为信息技术产业中的代表性产业。

4. 以计算机和互联网为中心的时代

从 20 世纪中叶开始，信息技术产业进入以计算机和互联网为中心的时代。20 世纪 40 年代，世界第一台计算机——ENIAC（电子数字积分计算机）诞生，开创了信息技术产业发展的新纪元。随着计算机技术与通信技术相互交融、互联网的逐渐普及，人类迈入了全新的数字经济时代，进入了数字化生存时代，信息技术产业被赋予了全新的内涵。数字化对传统通信、广播电视产业进行改造，数字通信、移动通信迅猛发展，信息技术产业成为引领时代发展的引擎。在很多发达国家，信息技术产业已成为国民经济中的最大产业。

当今世界正发生着人类社会发展史上最迅速、最广泛、最深刻的变化，各国之间产生的激烈的综合国力竞争，主要是以作为高新技术代表的信息技术和信息化水平及信息产业发展水平为竞争着力点的。人类社会的进步和经济的发展由于深受信息化的影响，世界各国对此都十分关注，对信息化的发展更是重视，加快推进信息化和信息产业发展已经成为国家战略任务。信息化是重要的生产力，信息化包括对信息的数字化、对数字化信息的存储及信息的网络化传递与共享等。在数字经济体系下，信息化更加注重数字化，数字技术的广泛应用使得整个社会和经济系统数字化，整个经济社会和所有经济活动的信息都可以用"0"和"1"两个数字组合表示。

（三）信息技术产业的发展前景

20世纪90年代末期，全球经济快速增长，而信息技术产业及相关产业的增长速度是经济增长速度的几倍。在很多发达国家，信息技术产业已然成为国民经济的第一大产业。信息技术产业已经成为国家竞争力的重要标志。科技的进步和信息技术的产业化促使信息技术产业的形成，促进了信息技术产业的发展；而且一国的基础设施、市场发展水平、经济开放程度、技术水平和管理水平等因素都会对信息技术产业的发展程度产生重大影响，进而影响该国的国际竞争力。随着数字经济时代的到来，信息技术产业在国民经济发展中的地位越来越重要，在国民经济结构中所占的比例也越来越大。

信息技术产业凭借高渗透性、强关联性，大范围地带动了相关基础产业的发展。信息技术产业对传统制造业也有着重要影响。价值传递与价值创造是整个经济活动中的两大环节，信息技术产业正在从价值传递到价值创造的整个经济活动过程中影响着传统制造业，并对传统制造业进行着深度改革。随着互联网的发展，尤其是物联网对互联网进行拓展之后，价值传递中的信息流、资金流和物流被电子商务打通，不仅促使"三流合一"，而且使数字世界和物质世界充分融合，省去了诸多中间环节，减少了商业交易之间的摩擦，使整个商业链条更加顺畅。随着物联网技术的日趋成熟，物联网开始由价值传递环节全方位地渗透价值创造环节，包括技术的渗透、研发模式的改变等，如特斯拉用信息技术和互联网理念打造汽车、用户参与和众包的研发模式等。德国提出的"工业4.0"，甚至希望将互联网技术应用于"工业4.0"的各个环节，将生产工艺与管理流程进行全面融合，同时将现实社会与数字信息之间的联系可视化，其结果是制造业将成为信息技术产业的一部分。

（四）中国信息技术产业的发展现状及其未来发展趋势

现代信息技术的迅猛发展促使产业结构优化。信息技术产业已经成为当今中国产业结构中的重点发展产业，且逐步成为各个产业的领导者。信息技术产业的增加值高速增长，推动了其他产业的良性发展和结构升级。如今，信息技术产业已经成为中国经济发展的主要着力点，尤其是计算机软件业。通过通信业和电子信息产业我们可以看出中国信息技术产业发展概况及趋势。

中国信息技术产业未来的发展趋势主要有以下三点：一是新常态下信息消费助推经济发展。中国信息技术产业基础的规模已经领先全球，各种新兴技术、新兴产品和新兴商业模式密集产生，信息消费的潜在需求越来越多地转化为现实需求，进一步提升了信息消费的战略地位，能够促进消费结构升级和信息技术产业的转型，同时推动中国经济向低碳化、数字化、智能化迈进。二是"互联网+"加速产业融合。中国的互联网产业处于世界领先地位，拥有阿里巴巴、腾讯、百度、京东等全球互联网企业中排在前面的企业。互联网这一新兴事物渗入世界的各个神经末梢，将世界紧密联系在一起，也使各项产业深度融合，并催生出新的发展空间。比如，互联网+传统产业催生出了互联网工业、C2B（电子商务中消费者对企业的交易方式），其关键基础则在于制造业发展路径的创新和智能制造的构筑；互联网+金融商贸催生出了互联网金融、移动支付和O2O（线上到线下的商业模式），提升了虚拟空间与现实空间的融合度；互联网+生活服务催生了在线教育和网络社交，改变了百姓的生活方式，也使人民的生活质量得以提高。三是云计算、物联网和大数据将由概念炒作走向务实发展，这也将有利于智能制造产业的转型升级、自主信息技术产品的创新和人工智能应用的普及及产业拓展。

这些发展趋势一方面展现出信息技术产业自身在未来的广阔发展前景；另一方面，信息技术革命带动社会进步，能够增强数字经济体系下信息技术对经济社会的促进作用。

第二节 数字经济的技术前瞻

数字技术是运用信息数字化的技术手段,将客观世界中的事物转换成计算机可辨析的语言和信息,从而实现后续一系列信息加工处理等应用操作的技术。数字经济世界的本质就是数据,而包括物联网、云计算、大数据、人工智能等在内的前沿技术就是为数据采集、处理、加工、再造等工作服务而产生的新技术,它们是实现数字经济的手段或工具。在数字经济发展大趋势中,我们的很多技术理念、管理理念甚至商业模式都要随技术手段的提升而发生巨大变化,均不可避免地要融入数字经济发展的时代洪流。

一、云计算

(一)云计算的概念

云计算又称云服务,是一种新型的计算和应用服务提供模式,是在通信网、互联网相关服务基础上的拓展,是并行计算、分布式计算和网格计算的发展。云计算是一种新型的计算模式,这种模式可以提供可用的、便捷的、根据需要并且按照使用流量付费的网络访问。云计算资源共享池包括网络、服务器、存储、应用软件、服务等资源,人们只需投入很少的管理工作和时间,或者与服务供应商进行很少的交互,这些资源就能够被快速、及时地提供给使用者。一般来说,云计算分为三个层次的服务:基础架构即服务、平台即服务和软件即服务。

基础架构即服务不仅可以通过互联网提供数据中心、基础架构硬件及软件资源,还可以提供服务器、数据库、磁盘存储、操作系统和信息资源的云服务模式。平台即服务只提供基础平台,软件开发者可以在这个基础平台上开发自己需要的应用,或者在现有应用的基础上进行拓展,而不必购买相关的硬件设备，也不必购买或开发基础性的应用或者应用环境。软件即服务是一种应用软件分布模式。在这种模式下，应用软件安装在厂商或者服务供应商那里，用户可以通过某个网络来使用这些软件，不必下载安装，只需通过互联网与应用软件连接即可使用。它也是目前技术更为成熟、应用上更为广泛的一种云计算模式。人们所获取的云资源大多基于软件即服务。云计算改变了传统的IT商业模式，使消费模式由"购买软硬件产品"逐渐转变为"购买云服务"。

（二）云计算的特点

云计算的基本理念是将诸多复杂的计算程序、设备等资源放进"云"里，通过提高"云"的计算能力，降低应用客户端的负担，使应用客户端简化成一个单纯的输入输出设备。云计算主要具有以下特点：

虚拟的集中式与现实的分布式处理，动态地对资源进行分离与分配。云计算支持大量用户在任意位置通过客户终端和高速互联网将分布于各处的云资源虚拟地集中在一起，从而使客户能够快速地获得从原资源里分离出的服务。"云"将用户所请求的资源从原资源中分离出来，分配给用户，无须回收资源，提高了资源利用率。

降低客户终端设备要求，且通用易扩展。云计算对客户终端设备的要求极低，用户不需要购买高配置的终端设备，也不需要购买或者开发高端先进的应用程序，只需要配备适合获取云资源的基础应用环境。比如，用户只需要一个手机，并在浏览器中输入URL（统一资源定位系统）就可以轻松获取自己需要的云资源。同时，云计算不针对特定的应用，只需要一般的相关设备即可获得云资源，形成的"云"规模可以动态伸缩，满足应用和用户规模增长的需要。

自动化集中式管理降低成本和技术门槛。云计算采用特殊的措施和极其廉价的节点构成云资源共享池，通过自动化集中式管理，向用户提供优质的云资源和应用开发环境，从而使很多企业不用再承担高昂的数据、资源等管理成本和研发成本，降低了技术开发的门槛，提高了资源的利用率。

按需提供服务，数据安全可靠。通过"云"计算，用户可根据自身需要，向"云"请求所需要的资源，然后获得"云"分配的资源。同时，在云计算的应用模式下，人们可以将自己的资料、应用等上传至云资源池中，用户只需要连接互联网即可访问和使用数据。此外，多副本容错、计算节点同构可互换等措施保障了数据的安全性，从而使数据共享和应用共享变得更加便捷、安全、轻松。对于"云"数据和相关的基础设施，一般会有专业的IT人员进行维护，及时对病毒和各类网络攻击进行防护，用户只需要对客户终端进行日常的管理和维护即可。

（三）云计算的发展历程

现代信息技术的进步与经济社会的发展，对高质量信息需求的相互作用催生出云计算。一方面，互联网技术的进步增加了大众对个性化信息的需求。个性化信息的需求产生信息服务，两者相互促进。互联网技术的进步扩大了互联网的应用领域和用户规模，并且影响力不断增强。大众信息需求涉及学习、生活、工作和娱乐等方方面面，从最初的电子邮件服务到现在的搜索引擎、网上购物、网络新闻、数字图书馆、网络游戏等，互联网已经成为社会系统必不可少的一部分，并成为重要的基础设施。另一方面，用户对个性化信息需求的增加，促进了更先进计算的产生。现代社会发展的速度在不断加快，人类对信息的需求在激增，人们需要更多的信息，也需要更先进的加工信息技术手段来提高信息的质量。

传统的计算方式已不能处理如此大规模的数据，在这种情况下，分布式处理模式的云计算应运而生。云计算的发展历程分为如下五个阶段：第一，前期积累阶段。云计算从计算提出开始，前期积累阶段包括云计算的提出，虚拟化、网格、分布式并行等技术的成熟，云计算概念的形成，云计算技术和概念的积累，等等。第二，云计算初现阶段。云计算的初现以Salesforce（赛富时）成立并推出软件即服务（SaaS）、LoudCloud（响云公司）成立并推出基础架构即服务（IaaS）及 Amazon（亚马逊）推出 AWS 服务（亚马逊网络服务）为标志，自此 SaaS 和 IaaS 云服务都已出现并被市场接受。第三，云计算形成阶段。云计算的形成阶段是以 Salesforce 发布的 Force.com 也就是平台即服务（PaaS）及 Google（谷歌）推出 Google App Engine（谷歌应用引擎）等为标志，自此基础架构即服务、平台即服务和软件即服务三种云服务模式全部出现。此时，IT 企业、电信运营商、互联网企业等纷纷推出云服务。第四，云计算快速发展阶段。当前，云计算进入快速发展阶段，云服务功能日趋完善、种类日趋多样，传统企业开始通过自身能力的扩展、收购等模式，纷纷投入云服务中，云服务市场同时在高速成长。第五，云计算成熟阶段。此阶段，通过深度竞争，竞争市场逐渐形成主流品牌产品和标准，并且形成了产品功能比较健全的市场格局，云服务进入成熟阶段。

当前，云计算的技术日趋成熟并处于快速发展阶段，其运用也越来越广泛，尤其是云计算为大数据的计算提供了可能。与此同时，大数据的应用在很大程度上拓展了云计算的应用范围。

（四）我国云计算发展现状

近年来，我国云计算发展迅速。云计算在我国从概念性阶段逐步进入实质性发展阶段。云计算在我国的发展阶段大致可以分为三个阶段：

第一阶段：云计算萌芽阶段。从市场角度看，主要是云计算市场的培育阶段。该阶段的特点是云计算概念模糊，人们对云计算的认知度普遍很低，云计算技术还不成熟。此阶段的云计算开发商各自为政，没有形成统一的技术标准。

第二阶段：云计算成长阶段。该阶段的特点是云计算应用案例迅速增加，而且云计算也得到了我国 IT 市场比较深入的了解和认可，云计算发展进入实质性阶段，商业应用的概念开始逐步形成。在此期间，云计算技术得到迅速发展，云计算市场规模也得到迅速扩大。

第三阶段：云计算成熟阶段。该阶段的特点是云计算提供商的竞争格局初步形成，云计算技术更加成熟，对于问题的解决方案也更加成熟。此时，云计算市场规模进入稳定发展阶段，SaaS 模式成为主流应用模式。

（五）云计算的经济价值与社会价值

云计算是创新型的计算、处理和服务模式，为许多行业的运营管理、决策管理和信息数据的计算处理提供了全新的解决方案，突破了使用者的技术障碍，以简单、方便、低成本、随需随取随扩展的方式获取更为优质的计算资源，从而使原本需要使用者自己处理的复杂计算变得简单起来，使用户可以减少对中间计算过程的关注而专注于最终结果，使很多没有技术资源的用户通过云资源共享池获取所需的计算资源。云计算使人类的社会生产分工更加系统化、专业化，优化了资源的配置方式，提高了资源的利用效率。因此，云计算具有高度的经济与社会价值，具体体现在以下几方面：

第一，整合信息资源与服务，提供专业化的计算服务，优化资源配置，提高资源利用率。云计算整合信息服务与计算服务，集中了各类相关资源服务，创建了一个基于互联网的集中式、开放性的信息与计算服务平台。基于一个平台，云计算就可以满足数十亿用户的计算需求，极大提高了整个社会的信息化率。同时，"云"资源根据用户的需求提供相应的云服务，避免了资源的浪费，提高了整个社会的资源配置效率和资源利用率。例如，我在云计算模式下，中小企业想要对企业进行信息化改造、信息化管理，不需自身购买或开发像 ERP（企业资源计划）一样的信息管理系统，甚至都不必购买或开发普通的财务软件，企业只需要购买相关的云服务，如云 ERP、云财务等。尤其是部分中小企业，它们的技术水平低、经济实力弱、发展速度缓慢，可通过云服务获得技术支持，跨过技术瓶颈，促使企业升级。

第二，集中优势，发展规模经济、范围经济、速度经济，降低社会生产成本和投资风险。从供给角度分析，云计算呈现边际收益递增的特点，包括规模报酬递增与范围报酬递增。云计算初始固定成本投入较高，可变成本投入逐渐降低，导致边际成本递减，平均成本降低，甚至在超过一定范围后，边际成本几乎为零；边际收益递增，可以使企业享受到规模经济带来的好处。在云计算中，无论是基础设施、平台还是软件，都需要较高的初始固定投入，但是一旦建成，就可以通过反复使用降低成本投入，甚至形成一定规模后，不需要成本投入。从需求角度分析，云计算使原有的自建或购买产品模式转变为租赁服务模式，由于集中优势和规模经济，云服务提供商可以以较低的成本提供服务。根据摩尔定律，云计算摊薄了固定资产投资的同时，获得了更加快捷和低价格的服务。这种租赁服务的模式使整个IT建设和营运成本降低了50%，也降低了用户将大量资金投资于IT资源基础设施建设而导致资金链条断裂的风险。

第三，降低IT技术壁垒，扩展用户规模。现代经济的高速发展，对IT的要求越来越高，所要求的IT应用也越来越复杂，大多企业面临信息技术壁垒的挑战，尤其是中小型企业。在传统模式下，企业需要投入大量的人力、物力、财力和时间去研发符合自身需求的信息化系统，但是很多时候效果不是很理想，甚至出现投入无产出，可能会造成公司内部管理的混乱，而通过云服务获取计算资源，企业可以更加专注于核心业务，中小型企业也可以摆脱技术约束，实现技术升级、规模升级。

第四，整合数据资源，挖掘大数据的潜在价值，消除体制障碍。云计算提供了统一的计算和服务平台，使数据资源集中，形成海量的动态数据集合。单台电脑或单一服务器在面对规模庞大、无统一结构、零散的数据集合时，处理能力较弱；而云计算的分布式处理平台为大数据的处理、分析提供了可能，增加大数据的潜在价值。在某些具体领域，云计算还能消除体制的弊端。例如，电子政务云与公共服务云就打破了部门分割和部门利益的局限，实现了信息共享与业务协同，促进了服务型政府的建设。对于医疗、教育、社保、文化等公共事业单位，在信息化发展到一定程度时必然会遇到信息共享与协同困难问题。部门内部或小团体为维持自身利益，总会想方设法地阻碍信息共享，于是便形成了"信息孤岛"。电子政务与公共服务引入云计算，将各部门的信息资源整合集中在统一的平台上，既消除了"信息孤岛"、解决了信息冗余带来的存储资源浪费和数据不一致的问题，又使信息资源更大范围得到利用，充分发挥其效用。企业采用私有云应用，也能很好地解决企业内部各部门之间信息共享的问题，使业务更加趋于协同效率。

第五，增强IT资源的综合集成，以此来促进智能管理与服务的实现。集中的IT资源，不仅提供了集中计算、统一管理、整合运行的技术支撑，还增强了统筹规划和顶层设计的能力。云计算创新了城市管理与服务，使城市各部分有机结合在一起，便于实现智能管理。例如，云交通通过云服务平台整合现有资源，并统一指挥、高效调度平台上的资源，显著提升了处理交通堵塞、突发事件等的能力。

二、物联网

（一）物联网的概念

物联网就是物品与物品相连，实质是提高物与人联系的能动性和人对物的感知性，具体而言，是所有的物品通过射频辨析、红外感应器、全球定位系统、激光扫描器、气体感应器等智能感知辨析技术与互联网，传统电信网等信息载体连成一个覆盖范围更广的"互联网"。实现了物品与互联网、通信网的有机结合，实现了人类社会与物质系统的有机整合，人类可以及时了解自身所需物品的多维信息，如商品的库存、数量、质量、在途中哪里等。

物联网结构上总体可归纳为三层：感知层、网络层及应用层。物质系统通过感知层、网络层、应用层与人发生联系。物联网通过传感器、射频辨析等将物质系统纳入网络，传感器、射频辨析则借助自身植入的具有一定感知、计算及执行能力的嵌入式芯片和软件，使物智能化，通过互联网等通信网络实现信息传输和共享，进而使物与物、人与人、人与物实现全面通信。这包括人与人之间的通信，但如果只考虑人的问题，通信发展是会受到制约的。物与物之间需要通信，而且物与物的通信也将创造价值，从而为通信的发展提供动力和机会，即物联网的价值所在。

（二）物联网的特点

物联网是互联网的拓展，将联系人与人的互联网拓展到了物质世界；它包含了传统互联网的所有特征，与过去的互联网相比也有自己的特点：一是物联网具有全面的感知性。物联网应用多种感知技术，通过部署大量各种传感器获得信息，每一个传感器都是获取信息的中介，每一个传感器所接收的信息也不同。二是物联网能进行准确、可靠的传输。互联网仍然是物联网的内在基础和核心，物联网借助各种广泛的有线和无线网络实现与互联网的融合，使物的信息能够实时、准确地传递出去，实现物的智能化，进而使传统互联网的覆盖范围得到更加广泛的扩展。物联网可以将终端上的数字化、微型化、智能化传感器定时采集的信息，依靠互联网等通信网络传递出去。因其数据量巨大构成了海量信息集合，为确保信息传输的及时性和可靠性，物联网需要适应不同的异构网络和传输协议，以实现高速且可靠的传输。三是物联网能够实现智能化处理。物联网提供连接传感器的方式和智能化处理的能力，以实现对物智能化控制的目标。传感技术和智能化处理的广泛结合，使物联网可以更加深入、更加广泛地利用云计算、专家系统、遗传算法和模式辨析等智能技术，拓展其应用领域。同时，为满足不同用户的多样化需求，发现更符合需要的应用模式或应用领域，物联网可以从传感器获取的海量数据信息中分析、提取和加工出所需要的数据信息。

物联网的本质特征归纳起来主要有三方面：首先，具有互联网特征，即对需要相互联系的物能够形成互联互通的网络。其次，具有自动辨析与通信特征，即纳入物联网的"物"具备自动辨析与物物通信的功。最后，具有智能化特征，即整个物联网系统具有自动化辨析、自我反馈与智能控制的特征。

对物联网整个系统进行分析，我们可以发现物联网还具有以下系统性特点：一是即时性、连续性的特点。人们借助物联网能够随时随地、不间断地获得物联网世界中物与人的信息，包括属性及现实状态等信息。二是加强了物质世界之间的联系，加强了人与物质世界的联系。物联网促进了物质世界更加普遍的连接及更加广泛的联系，因物联网的不断拓展，这种连接和联系还在不断加深、加强，并很大程度上提升了人类的能动性和物的智能化能力，促使人类世界与物质世界能够更深度的融合。三是物联网更具系统性。物联网的技术与其他技术和其他行业的不断融合，不仅扩大了物联网覆盖的范围，而且体现出物联网的系统性特征。物联网为人类社会与物质世界提供了联系的纽带，确保整个世界的发展更具系统性。

（三）物联网的发展历程

物联网还处于概念起步阶段，虽然物联网在很多方面已经得到应用，并且取得很好的效果，但是还远没有达到人类提出物联网的初衷，或者说远没有达到人类想要通过物联网促成人类社会革新的目的。尽管如此，物联网技术的发展仍然受到世界各国的高度重视。

从国内看，我国"物联网"的研究、开发和应用工作进入了高潮。至今，物联网的应用越来越广泛，与其他技术、其他行业的深度融合也在不断加剧。

（四）我国物联网发展现状

我国物联网的发展阶段历经了学习研究阶段、政府推动阶段及应用推广阶段。随着我国物联网政策的日益完善，物联网逐步产业化。政府在政策及资金方面都对物联网的发展提供了大力支持，物联网技术迅速进步，产业规模也逐渐扩大，尤其是应用领域不断扩大使相关产业的资源整合不断优化。随着物联网技术的进步、应用领域的不断扩大及与相关产业融合的不断深入，我国物联网的发展除了具备世界物联网发展的共同特点外，还具备以下特点：

一是多层次的政策驱动是现阶段我国物联网发展的主要动力，同时政府积极参与其中，推动物联网不断发展。随着世界物联网的不断发展，物联网给世界带来的变化不断凸显，我国政府越来越意识到发展物联网的紧迫性。同时，我国物联网发展取得的阶段性进展，推进了我国政府发展物联网的信息化。我国政府对物联网的支持力度持续加强，物联网的发展逐步成为推进我国信息化工作的重点。尤其是工业化与信息化的深入融合，推动了经济结构的转型，促进了经济的发展，于是各地政府纷纷响应政策的号召，高度重视物联网的发展情况。

二是我国物联网各层面技术成熟程度不同，传感器技术是攻坚克难的重点。总体来看，物联网的技术门槛似乎不高，但核心环节、关键技术的成熟度参差不齐，导致物联网产业标准制定和应用发展迟缓。

三是物联网产业链逐步形成，物联网应用领域逐渐明朗。经过业界的共同努力，国内物联网产业链和产业体系逐渐形成，产业规模快速扩大。安防、交通和医疗三大领域，有望在物联网发展中率先受益，成为物联网产业市场容量大、增长显著的领域。

（五）物联网的经济价值与社会价值

劳动是价值创造的唯一源泉，复杂的智力劳动创造的价值要比简单的体力劳动多得多。物联网通过一系列的协议、技术措施，实现了物与物的沟通、人与物的沟通，从而实现了物的智能化，使物能够自行"动"起来。在劳动方式上、生产资料与劳动者结合的方式上，物联网简化了劳动者的具体劳动步骤，改进了物质资料的生产方式，完善了资源的配置方式，提高了资源的利用效率，创造了更多的价值，这就是物联网创造价值的本质。作为智力劳动创新所带来的技术创新成果，物联网所创造的价值是不可估量的。

物联网一经提出便被"嗅觉敏锐"的企业嗅到其价值，而且对于物联网价值创造的研究也是从商业模式、商业价值等角度展开的。从商业模式的角度，物联网的价值创造是信息采集、传输促使管理和交易模式创新的方法，是新技术革命推动生产方式的改变引发生产效率提升的过程，实现了高效、节能的目标。从商业价值角度看，物联网通过改变物质世界的信息沟通方式、物质世界与人的世界信息沟通方式，使得信息更加多维、全面地积累价值。物联网在经济生活中的应用主要体现在以下几方面：

第一，物联网对电子商务的推动作用。商家在自己的产品上植入数据信息传感的电子芯片，使消费者在购物网站选择购物商品的时候比较方便。物品从生产厂家制造、包装到运输整个过程的具体配送情况都可以通过物联网查询到。因为这些信息与地理信息系统和全球定位系统是实时连接的，所以这样的信息集合在一起便能够构成一个庞大的物流信息网络。通过扫描在物品上植入的射频辨析标签，管理人员可以获得该物品的相关信息，即生产、包装的管理，质量的检查及物流信息的检索，等等。

第二，物联网在交通方面的应用。汽车上植入物联网电子设备之后，就可以实现对汽车远程控制，如汽车的自动解锁、导航的启动、车门的开关、意外情况的自动呼叫等。这样的功能使汽车可以被更好地实行远程监控。在高速公路收费站采用ETC（电子不停车收费）通道收费，与其他现金通道对比，一条ETC车道大约相当于8条人工收费车道的通行能力，有效减少了车辆停车收费所导致的空气污染、燃油浪费等问题。ETC车道的广泛应用可以大大缩短司机通过收费站的等待时间，缓解车流量过大、排队停车导致的高速公路堵塞问题，极大地便利人们的出行，也降低了长时间行车的成本，ETC已经成为交通畅通的重要保障。随着物联网的发展，许多地区逐渐出现了跨多个城市都能使用的一卡通，这不仅为人们的长距离出行提供了便利，而且为人们出行搭乘地铁、公共汽车等交通工具提供了极大的便利，也从侧面鼓励人们多搭乘公共交通工具，减少了环境污染。

第三，物联网在数字图书馆、数字档案馆及文物保护和数字博物馆方面的应用。在数字图书馆的管理方面，相对于条码辨析数据或者档案来说，使用无线传输的RFID能够使各种文献或者文档的管理更加高效、可靠。应用RFID设备进行管理时，RFID标签和阅读器将替代条码辨析，自动定位导航相关文献、档案和书架，智能地对不同的文献、档案进行分拣操作，这就让图书的借还可以实行全自动化操作。通过物联网可以查询具体图书及其位置，借书、还书都实现自动化。物联网在文物保护方面更具重要意义，文物的保存对其环境因素要求很高，其所在环境的光照强度、空气湿度、粉尘比例和气体等都会影响文物的储藏，而物联网可以对这些环境进行长期监控，为文物提供最好的保存环境。

第四，物联网在卫生、医疗领域方面的应用。以 RFID 为代表的自动辨析技术使得医疗设备和药品等物品能够从生产到使用过程被全程监控，从而提高医疗设备和药品等物品的质量。自动辨析技术还可以对病人在不同时期的会诊情况进行监控，不仅可以提高医院工作人员的工作效率，也能够使病人得到便捷的就诊。

面对物联网技术的不断成熟，物联网的应用范围将越来越广泛。物联网作为新一代信息技术的代表，因其具有普遍链接、联系、整体性、系统性等特点，对社会发展的影响是更全面而深远的。物联网将没有生气的"物"与个人、企业、市场、政府等有机地整合在一起，将各个国家、地区、民族有机地整合在一起，使全球经济、社会发展趋同，形成了一个全球共享经济体，形成了一个真正的"地球村"。

物联网将"物"与"人"（个人、企业、政府等）有机整合，使"人"能够感知到更全、更多维"物"的信息，甚至通过"物"感知和获得更全、更多维其他"人"的信息，增强了信息的流动性，在很大程度上，对传统市场信息不完全、不完备的情况起到了很好的完善补充作用。市场主体可以通过多方位、多渠道获得其他市场主体的相关信息，从而可在很大程度上避免由于信息不对称造成的逆向选择、道德风险等现象，如保险市场、保险公司便可通过物联网获得投保客户的情况调查信息，通过大数据技术分析信息，对客户进行准确定位。与此同时，物联网推动了全球一体化的进程，使企业可整合资源趋于全球化，使关联企业、关联产业的联系更加紧密。

社会生产的总过程是由生产、分配、交换、消费四个环节组成的，它们相互联系、相互制约。在实际的生产过程中，生产关系、分配关系、交换关系、消费关系可能存在严重的失衡，进而造成一系列的经济矛盾、社会矛盾，而物联网可以促使这四方面的关系更加协同，使这四方面的关系在动态中达到平衡，促成和谐。

三、大数据

（一）大数据的概念

随着计算机、互联网全面融入社会生活，信息技术不断高速发展，人类已经进入信息爆炸时代。当信息量累积到一定程度的时候，就产生了"大数据"这个概念。数据作为重要的生产要素，已渗透到当今的每一个行业当中，对海量数据的挖掘效率和运用效率将直接影响新一轮生产力的增长。大数据是指数据量的大小超出常规数据库工具的获取、存储、管理和分析能力的数据集合。一般认为，大数据是指海量的、结构复杂的、类型众多的数据构成的集合，其本质是：所反映的信息是多维的，能够对现实做比较精确的描述，能够对未来情况做比较精准的预测。

（二）大数据的特点

大数据的特点并非固定不变的，随着现代信息技术、数字技术的高速发展，大数据的特点也是发展变化的，或者可以说，大数据本身具有的特点，随着技术的发展会凸显出来。大数据发展至今，人们对大数据的认识也在不断加深，一般认为大数据的主要特点有：①数据量大。传统数据的处理大多是基于样本统计推断，所能搜集到的样本量也是极小的，所以搜集、存储、处理的数据都是非常少的，而进入大数据时代，各种各样的现代信息技术设备和网络正在飞速产生和承载大量数据，使数据的增加呈现大规模的数据集合形态。②数据类型多样。传统的数据大多是结构化的数据，如调查表等自制的统计表，也有部分半结构化数据，如针对所需要的目标统计资料而搜集的需要加工改造的其他统计资料。总的来说，数据类型较为单一，而进入大数据时代，数据的结构极为复杂，数据的类型也极其繁多。数据不仅有传统的结构化文本数据，其中还有半结构化和非结构化的语音、视频等数据，包括静态数据与动态数据。③数据搜集速度快。大数据的内在要求使其对数据的搜集、存储、处理速度必须非常快，大数据是以数据流的形式存在的，快速产生，具有很强的时效性。如何更快、更高效、更及时地从海量数据中搜集所需要的数据并及时处理，是从大数据中获取价值的关键之一。④商业价值。虽然大数据具有海量的资料，但是对于具体数据的需求主体，其真正有价值的部分还是有限的，即大数据的价值密度是极小的，但是相比基于样本统计推断的传统数据，大数据中有价值的部分也是接近总体的，所以大数据必然是极具商业价值的。⑤数据真实性高，即数据的质量真实、可靠。在传统数据下，官员为政绩、学界为交差、商界为名利，注水性数据导致"硬数据软化"特别严重，传统数据的质量是深受怀疑的。一般情况下，虽然为了既定目标经过处理后的大数据可能会出现掺水造假现象，但是原始的数据资料是不能造假的。当对处理后的数据产生怀疑时，人们可以对原始大数据进行复核，因此说大数据具有真实性的特点。⑥数据是在线的、可以共享的。数据是永远在线的，是随时能调用和计算的，这是大数据区别于传统数据最大的特点。数据的在线性也为数据的共享提供了可能，数据又具有共享性。⑦数据的可变性。海量的数据并不都是人们所需要的，所以要将数据处理改造成自身所需要的。不同的个人、企业对数据的需求是不同的，但是人们可以从相同的数据池中取得数据源，并处理成自身所需要的数据，所以大数据具有可变性。⑧数据的高渗透性。越来越多的行业对信息的数量、质量需求越来越高。随着大数据与各个行业、产业的结合，与社会经济生活的融合，大数据将具有更多与具体的技术、行业、产业融合而产生的新特点。

对大数据的特点进行全面认识和分析后，人们发现大数据的首要特点是海量的数据，而海量信息的本质是包含多维的信息、全面的信息。相较于传统的大数据特点，人们从海量的数据中获得所需要的信息更为重要。一般来说，大数据处理基本流程包括数据源、数据采集、数据处理与集成、数据分析、数据解释等五个步骤。

（三）大数据的发展历程

随着互联网技术的成熟及云计算、物联网技术的迅速发展，大数据作为一种创新型的数据处理方式、处理技术由此诞生。

总体上大数据的发展状况是，作为创新型数据处理技术，大数据与云计算、物联网的融合程度正在不断加深。作为创新型信息分析工具，大数据与物理学、生物学、环境生态学等领域及军事、金融、通信等各行业产业的融合程度也在不断加深。大数据分析的强大作用，使大数据从商业领域横跨公共服务、外交等各个领域。大数据已成为一个国家竞争力强弱的核心要素，并成为引领人类社会未来的指南针。

大数据发展规模的不断扩大，正是由大数据技术与越来越多的产业不断融合、相关技术的进步推动大数据技术的不断创新所导致的。

（四）我国大数据发展现状

大数据作为一门新兴产业，在我国的发展还处于市场初级阶段。从结构上看，我国大数据市场与其他市场存在一定的区别，在我国大数据市场中，软件比重较大，而服务比重较小。我国大数据发展的问题大体有以下三方面：

一是大数据商业应用程度还比较低，大数据产业发展结构不均衡。大数据产业处于割地而立阶段，各企业只占大数据中一小块的细分领域，很难变大变强。部分领域又存在激烈竞争，如舆情监控。总而言之，我国大数据产业还处在极度分散的状态，优秀的人才分布在不同企业，很难形成人才合力。各家企业规模小，很难将企业做大做强，也很难利用大数据帮助企业实现业务提升。大多数企业的工具和数据很难满足企业整体的数据要求，中国的数据挖掘和产品分析也很难和国外的产品进行竞争。

二是我国大数据相关的政策法规存在滞后性。政策法规的滞后性是我国大数据应用面临的最大瓶颈，如隐私问题、数据开发和数据的共享与保护。大数据形成海量的数据库的过程，必然会涉及数据的共享，在共享中又要注意保护数据的隐私问题及数据提供企业的相关权利。

三是在我国大数据企业里，大部分企业还是应用的结构化数据，非结构化数据应用较少，这就使我国很难形成真正意义上的"大数据"。从计算的方式看，大部分企业选择自建大数据平台，很少企业通过云计算实现，这也约束了我国大数据产业的发展。

（五）大数据的经济价值和社会价值

近年来，在以云计算、Hadoop（海杜普）为代表的数据分析技术、分布式存储技术的帮助下，人们对积累的数据进行全面的分析成为可能，各行各业纷纷把构建大数据的解决方案作为未来战略的主要方向。大数据的价值点就在于海量的数据、全面的信息，更准确地模拟现实世界，从而精准地预测未来。大数据的经济价值和社会价值主要体现在大数据对企业、政府、产业这三方面的促进作用上。

第一，大数据能够促进企业创新，优化企业资源配置。首先，大数据能够促进企业更深入地了解客户的需求。传统了解客户的方式主要是调查问卷、电话访谈、街头随机问话等，这些传统的方式，所获得的数据量是极少的，也会受调查区域的制约，所调查的数据也缺乏代表性，但是应用大数据，人们可以通过互联网技术追踪到大量的对本企业感兴趣的客户，运用相关性分析客户的偏好，对客户进行精准分类，从而生产或提供客户满意的商品或服务。其次，大数据能够促进企业更准确地锁定资源。应用大数据技术，企业可以精准地锁定自身发展所需要的资源。企业可以对搜集的海量数据进行分析，了解到这些资源的储备数量和分布情况，使得这些资源的分布如同在电子地图上一样，可具体地展现出来。与此同时，大数据能够促进企业更好地规划生产。传统方式下的企业生产具有很大的盲目性，企业不能依据市场价格的涨落并结合自身的经验，推测市场是供不应求还是供过于求，以此确定企业生产什么、生产多少，但是通过应用大数据来规划生产框架和流程，不仅能帮助企业发掘传统数据中难以得知的价值组合方式，而且能够对组合生产的细节问题提供相关的一对一解决方案，为企业生产提供有力保障。此外，大数据能够促使企业更好地运营。传统企业的营销大多依靠自身资源、公共关系和以往的案例来进行分析和判断,得到的数据不仅模糊不可靠,而且由于市场是动态变化的,得到的数据与实际可能有很大偏差。应用大数据的相关性分析,企业的运营方向将更加直观且更容易辨析,在品牌推广、地区选择、整体规划方面更能从容应对。最后,大数据能够促进企业更好地开展服务。对于提供服务或需要提供售后服务的企业,服务不能满足客户而造成客户流失是一个不得不面对的问题。可面对规模庞大、地域分布散乱和风俗习惯各异的客户,企业在如何改进服务、怎么完善服务方面总是显得力不从心,甚至有时候精心设计提升的服务却不是客户所需要的,但是大数据可以针对顾客群体细分,然后对每个群体量体裁衣般采取独特的行动,同时根据客户的属性,从不同角度深层次分析客户、了解客户,以此增加新的客户、提高客户的忠诚度、降低客户流失率、提高客户消费等。

第二,大数据能够优化社会公共服务,提升政府决策能力,以此来促进政府管理创新。大数据能够提高社会管理与服务水平,推动政府相关工作的开展,提高相关部门的决策水平、服务效率和社会管理水平,实现巨大的社会价值。大数据也有利于政务信息的公开。数据开放是趋势,大数据的应用可以助推云计算打破"信息孤岛",实现信息共享,促进政府部门之间信息的衔接。应用大数据技术可以检验政务部门在云计算平台上共享数据的真伪,从而在一定程度上监督政务部门公开真实信息,形成用数据说话、用数据管理、用数据创新的政务管理模式。

第三,大数据能够助推传统产业升级,优化市场结构。大数据具有科学、专业、精准的分析和预测功能,有利于推动经济结构的转型、产业的升级。大数据能够促使经济增长由"高投入、高消耗、高污染、低效益"的粗放型经济增长方式转变为"集约型、精益型"的经济增长方式。利用大数据分析,每一个企业规划生产都能做到科学生产、精益生产、低碳生产,同时,在分析需求时,又能准确地分析出各个阶层、性别、年龄段等不同类别的消费者需要什么、需要多少,甚至什么时候需要,即C2B商业模式,这样的模式能够降低行业内部盲目竞争的程度，提升商品生产的能力。大数据还能增加市场的透明度，使市场主体能得到更多的信息，使市场主体的经济行为更趋于理性。同时，因为信息透明度提升，市场主体之间信息共享度提升，尤其是诚信信息，这将增强市场主体诚信经营的意识，促进市场信用机制的完善。大数据对解决市场的滞后性、盲目性有巨大的作用，大数据的精准预测能力增强了市场主体对市场变化的了解。针对市场的变化，市场主体可以提前做好采取某种对策的准备，且由于大数据所搜集信息的多维性、全面性，市场主体可以考虑市场多方面的变化，预先制定应对不同变化的策略，减少其市场行为的滞后性和盲目性。

一方面，大数据推动了政府对市场的了解，以便政府更好地处理与市场的关系，更好地发挥政府的作用。另一方面，大数据使市场这只"看不见的手"越发的透明化，使市场存在的外部性问题能及时暴露出来，政府这只"看得见的手"便能通过制定相应的规则规范市场或者及时出手干预，保证市场的良好运行。

四、人工智能

（一）人工智能的概念

人工智能是计算机科学、控制论、信息论、神经生理学、心理学、语言学等多种学科互相渗透发展起来的一门综合性学科。它是通过研究如何开发智能机器、智能设备和智能应用系统来模拟人类的智能活动，模拟人的行为、意识等，模仿、延伸和扩展人类的智能思维。人工智能的基本目标是使机器设备和应用系统具有类似人的智能行为，确保它们可以思考。

（二）人工智能的特点

人工智能发展以来，其应用领域越来越广泛，包括专家系统、智能控制、语言和图像理解、机器人学、机器人工厂、遗传编程等方面。这些应用领域虽有很大不同，但都能体现出人工智能的以下特点：

首先，人工智能既综合又极具开放性。人工智能涉及认知科学、哲学、数学、神经生理学、心理学、计算机科学、信息论、控制论、不定性论等学科，并且随着这些学科的发展而发展。人工智能在随多门学科发展而发展的同时，还能及时汲取时下的先进技术，及时与各方面技术有机融合，促进人工智能的更新换代，使人工智能更具时代特点，如人工智能与时下热门的云计算、物联网、大数据等技术的融合，使我们的智能系统、智能领域范围不断扩大，由智能交通、智能城市扩展到智能社会、智能时代。

其次，人工智能既应用广泛又极具实践性。人工智能是一门对人的模拟学科，我们的目标是让机器或组合形成的系统能完成人的工作，甚至在计算、处理速度等方面超越人，所以人所从事的工作领域都是人工智能正在或潜在的设计领域，包括从低层的操作到高层的决策，人工智能都能得到充分的应用。同时，当在某个领域内得到应用后，人工智能就逐渐转化为该领域内的问题，即人工智能具有外向性。

最后，人工智能是知识型、智力型的科学技术。人工智能的发展速度极快，在发展中总有很多创新型的技术成果出现。人工智能对现代技术，包括计算机技术、电子元件制造技术及信息技术等要求是很高的，这势必使大量的、具有丰富的知识和极高智力的技术型人才参与其中。

（三）人工智能的发展历程

人类社会的生产创新大致分为三个阶段。第一阶段是引入机器提升农业产量。农业一直是人类经济增长的支柱，而引进的机器标志着思想和机器之间关系的根本转变——技术可以用来减少工作量。第二阶段是工业革命，人们开始制造单一动作能力更强大的机器，以发展工业，此后不断推动和拓展工业生产走向自动化道路。在第一和第二阶段中，人类使用机器来替代人类从事的一些较为困难和烦琐的工作，机械器具忠实地执行着人类的判断和意志，这也是上述两个阶段与第三阶段的本质差别。

在过去的很长一个时期，人类都认为工业革命是生产力飞速增长的唯一方式，然而，我相信我们现在正处于这一进化过程的第三阶段，人类正在帮助机器获得思维能力，获得更高的精度和更快的速度，以超越人类在智力和控制方面的极限，第二次获得生产效率的突破。这一突破将开启人类发展史上一个全新的维度，也因此会产生另一个加速经济增长的重大突破。

多数人仍然低估了第三阶段（人工智能阶段）的经济潜能。实际上，除经济发展的固有周期性因素外，还因为我们正处于人工智能创新阶段的初期，正在经历全球经济体系的"自疗"过程。从微观角度来看，由于电子商务模式的挤压，制造企业的利润一再下滑，第三阶段的实质是制造业创新的积极性受到打击，人类社会中实物产品的品质并没有得到本质提高。从宏观视角来看，全球性金融危机和经济衰退并没有好转，包括中国在内部分地区的经济又出现下行走向。上述微观、宏观的现象恰恰是全球产业调整、生产工艺革新、生产组织方式革新的必然周期规律。历次技术革命都会给传统产业及以此为生的人群带来巨大冲击，也会改造和提升传统行业，如果不积极主动转型，就会在后一个时期"落后挨打"。因此，地方行政管理者与企业家不能为市场的悲观情绪所左右，而应积极寻找新型工业经济发展的机会。

人工智能的主要研究路径如下：一是符号计算，或者称代数运算。这是一种以符号为处理对象的智能化计算，符号可以代表整数、有理数、实数和复数，也可以代表多项式、函数、集合等。二是模式辨析。模式辨析就是借助计算机应用数学的方法来研究模式的自动处理和判读。计算机技术的发展为人类研究复杂信息的处理过程奠定了技术基础，也为计算机实现对文字、声音、物体、人等的自动辨识提供了技术可能。三是专家系统。专家系统就是通过搜集各领域专家的知识、经验以及进行推理和判断的数据，融合计算机技术和人工智能技术开发出来的模拟人类专家解决专业领域问题的计算机程序系统。借助该系统可以模拟出人类专家的决策过程，以实现复杂问题都能得到专家处理的理想境况。四是人工神经网络和机器情感。它以现代神经科学的研究成果为基础，通过模拟神经元的处理方式构造出来的由大量人工神经元互联组成的非线性、自我学习的信息处理系统。该系统试图让机器、计算机等通过模拟人脑神经网络记忆和处理信息的方式进行信息处理,使机器、计算机等具有"人"的感情和思想。

数据催生出模型,模型又催生出模拟,模拟可使人工智能成为可能,人工智能又可带来智能社会。随着云计算、物联网和大数据等技术不断深入发展,人工智能与这些技术的融合也在不断加深,它可以使这个社会趋向广泛的智能化。云计算、物联网、大数据和人工智能对数字经济的技术性基础支撑作用将越来越重要,全面的数字经济社会即将到来。

(四)我国人工智能发展现状

我国成立了以"学术研究、学术交流、学术教育、学术咨询、学术评价"为基本任务的"中国人工智能学会",在未来的很长时间里,我国除了加强人工智能的理论研究工作外,还需要进一步提高我国的工业基础能力,加强对科技人员的教育,提高对应用技术的自觉性,进一步推进"产学研"相结合的体制和机制的改革。

(五)人工智能的影响

人工智能的发展正在深度影响和改变着人类社会,它的影响涉及经济利益、人类社会、文化生活和产业格局等方方面面。

第一,人工智能对经济利益的影响。计算机等硬件设备价格的持续下降为人工智能技术的广泛应用提供了可能,进而带来更可观的经济效益。比如,将人工智能应用于专家系统的构造。专家系统通过模拟各领域专家的知识和经验来执行任务,成功的专家系统带来的执行结果,如同专家亲临,并且可以反复利用,可以大规模地减少培养费用和劳务开支,给它的开发者和拥有者及用户带来可观的经济效益。

此外,人工智能还能推动计算机技术的深入发展。人工智能应用对计算机提出了更高要求,要求计算机必须能够胜任繁重的计算任务,这在一定程度上促进了并行处理技术和专用机成片开发技术的进步,促使自动程序设计技术、算法发生器和灵活的数据结构开始应用于软件开发。所有这些在人工智能研究过程中开发出来的新技术，都推动了计算机技术的发展，也提高了计算机对人类社会经济发展的贡献度，给人类带来更多的经济利益。

第二，人工智能对人类社会的影响。一方面，人工智能改变了传统的就业方式。因为人工智能可以替代人类执行各种体力和脑力劳动，促使社会经济结构和就业结构发生重大变化，从而造成大量的摩擦，甚至造成部分人口永久失业。人工智能广泛应用于科学技术和工程项目，会造成部分从事信息处理活动的人丧失机会，从而不得不对原有的工作方式做出重大改变。另一方面，人工智能促进社会结构的改变。随着技术的进步，人工智能及一些智能机器设备正在逐步替代人类从事各种社会劳动。事实上，随着人工智能近年来的发展，人类社会结构也受到潜移默化的影响，由"人—机器"的社会结构逐步变为"人—智能机器—机器"的社会结构。此外，人工智能还促进了人们思维方式与观念的改变。人工智能的进步及应用的推广，对人类的思维方式和传统观念产生了重大影响，甚至促使这些思维方式和传统观念发生重大改变。例如，人工智能系统的知识数据库对库存知识可以自我辨析、自我修改及自我扩充和更新，这是对印在书本、报纸和杂志上传统知识的重大改变。作为一种高新技术的人工智能是一把双刃剑，它的高速发展使一部分社会成员从心理上感觉受到威胁。人类与冰冷机器之间的重大区别是只有人类才有感知精神。在人工智能的实际应用领域有自动规划和智能搜索，人类可以用人工智能来规划自己的明天，例如，用神经网络去逼近现实和预测明天，根据预测的结果，机器自动做出规划。这就是人工智能的特点。很多事可以让人工智能去做，从而把人类从繁忙的工作中解放出来。

第三，人工智能对文化生活的影响。人工智能可以改善人类语言模式。根据语言学的观点，思维需要语言这个工具来具体表现，语言学的研究方法可以用来研究思维规律，但是人的某些潜在意识往往是"只能意会，不可言传"，而人工智能技术的应用，可以结合语法、语义和形式的知识表示方法，使得知识更加便于用自然语言来表示，同时，也更加适合用人工智能的形式来表示。人工智能还能改善文化生活。人工智能技术拓宽了人类文化生活的视野，打开了更多全新的窗口。例如，人工智能中的图像辨析和处理技术势必会影响到涉及图形广告、艺术和社会教育的部门，还将影响到智能游戏机的发展，使其成为更高级、更智能的文化娱乐手段。

第四，人工智能对产业格局的影响。人工智能将重塑产业格局，引领新一轮工业革命。人工智能将在国防、医疗、工业、农业、金融、商业、教育、公共安全等领域取得广泛应用，催生新的业态和商业模式，引发产业结构的深刻变革，对传统产业产生重大的颠覆性影响。未来人工智能将在大多数领域替换掉人类烦冗而复杂的工作，将人类解放出来，同时这波创新也将是一个漫长而又多产的过程。

第三节 数字经济的创新管理

随着数字技术的进步、数字产业的不断发展,一种由实物和数字组合而成的崭新的创新舞台正展现在我们面前,然而,与数字化技术在产业重构过程中越来越占据中心地位的趋势相比,实现数字化革新越来越困难,越来越多的企业与地区对数字化革新充满希冀与恐惧。20世纪90年代的第一代数字化浪潮加速了企业内部的流程优化,且现代的数字化革新已经超出了企业内部范围,面向客户开发的"纯数字产品"与"整套解决方案"已经渗透到企业与外部竞争环境博弈的各个层面。现代数字化革新过程特别迅速,难以预测和控制,这是区别于传统工业时代和数字化初始阶段新过程的特征。

一、数字化革新的实施方式

管理数字化革新过程具有独特性,吸引了越来越多的学者探索其新的价值创造方式。

(一)数字化革新的核心理念与价值

数字化革新是指利用数字技术,可将数字与实物组件进行重新组合创造新产品,以提升产品和服务的价值,开启企业发展的新领域,并借此挑战现有市场格局,最终引起该领域商务模式和生产模式的转变。数字化革新经历电气自动化阶段后,已经进入完全数字内容产品与数字智能阶段(通过实物产品的动作指挥、位置确认、模式选择、自我学习及记忆回溯等数字化技术完成实物产品的人工智能行为)。数字化革新可以改变现有的价值生成结构,产生强大的新价值生成力:数字技术不仅可以创造新的产品,而且可以协助企业提升组织运营效率,获得新的商业模式。数字技术支持企业开发和运行多个并行的商业模式,创造了企业成长适应性与灵活性的新价值,而这些价值不仅有益于企业,还为整个数字商业生态系统拓展了新边界。

就数字化革新的价值而言,一方面,数字化革新是通过技术杠杆放大了企业的组织适应性、业务开拓性和技术灵活性。这是一个系统属性,通过与外界之间的高频次交互改善企业能力,因此又被称为自生成拟合。实现企业的自生成拟合创新原本是十分艰难的,然而,模块化技术与理念打通了数字技术的相互依存关系,实现了自生成拟合创新的技术突破,这就是典型的技术杠杆放大作用。另一方面,数字化革新使组织从独立个体的视角重新审视其在现有数字社会网络中的空间价值。在数字商业环境中,数字化网络提供的新的整套商业解决方案及寻找全新机遇的能力是数字化革新的重要价值,这一价值侧重企业在数字化商业空间中的位置,这些新现象与新方式需要我们重新定位并深刻认识数字化革新的价值。

(二)数字化革新的一般策略与特征

数字化革新已经经过了一个由简入繁、日渐丰益的过程。以网络购物为例,数字化革新以简陋的订购目录展示和电子邮件商务的形式登上历史舞台,然而,经过不断演进,现有的以在线推荐系统、比价系统、定位系统、陈列系统及长尾体系为主要利益来源的在线销售模式日趋完整与完善。上述数字化革新看似复杂,究其本质,可一般化为两种策略:数字嵌入策略和完全数字策略。

数字嵌入策略是指将嵌入式数字组件植入实物产品或者机械系统,使产品升级为智能实物产品,同时利用数据的在线和移动服务,不断改善产品或服务的品质。在日常生活中,我们可以观察到微智能技术在家电领域(自动扫地机、智能电视等)的广泛应用,应用了客户竞争报价与实时呼叫系统的新型出租车企业正在改变传统出租车行业等现象。同时,此类数字嵌入式产品也出现在工业生产中。嵌入式数字产品让实时监控和预测替代了传统的计划式生产,渗入从产品设计到大规模生产的各个环节,如定制生产技术、3D打印技术、实时仓储技术、机器人技术等。

完全数字策略是指在电子终端设备中将信息产品以完全数字式的模拟形

式呈现在用户面前，如电子图书、地图导航、股市监测、互联网游戏等，此类产品也被称为数字内容产品。随着数字终端设备的不断出现，数字内容产品已经成为大众的重要消费构成。当市场的消费模式改变后，以信息产品为基础的媒体行业目前正处于这样一个转型的过程之中，纸质报纸、磁带等信息载体不断退出历史舞台。此类媒体企业不得不减少传统形式媒体产品的产量，转而选择新的电子媒介。此外，大型电器零售和百货零售企业纷纷收缩实体门店，战略转型经营在线市场，这说明完全数字化驱使以信息不对称为支撑的大量传统服务业纷纷进入颠覆性革新期。

数字化革新的两种策略看似简单，但任何企业实施这两种策略都需要面对其独特的挑战。首先，数字化革新节奏快、变化大。数字技术具备可塑性，可以快速重新组合为新产品。这种快节奏不仅不断刺激企业快速开发"混合"或"智能"型数字产品，也不断地快速淘汰企业的"新"产品。其次，数字化革新过程难以控制和预测。由于生成过程的复杂性，数字产品创新常常不是由单一企业有组织完成的，而是由数量庞大、形态各异、没有事先分工的大众自发形成的随机创新。企业利用数字技术模块或平台的形式来创新产品，可以产生越级创新，每一次创新又会为下一次越级创新提供平台，这样的随机创新与迭代开发形式使得数字化革新极为复杂。

数字化革新是一种手段，行业新进入者与已有巨头间的数字化博弈最终会导致行业层面的巨大转变。当然，这种转变也伴随着企业个体组织管理形式的改变。

二、数字化革新的组织管理形式

分析数字化革新的组织管理形式可以从两个维度入手：

一个维度是创新的关键数字资源和知识的集中度。其极端形式是一个高度集权、垂直管理的数字化系统或企业，将所有优质核心资源牢牢掌控，从而可以以低成本获得高质量的创新。此类垂直一体化创新型企业拥有专利、品牌或核心技术的唯一所有权，通过自上而下的创新管理过程，调动资源实现目标，但是，在开放式、模块化、自适应的数字化现代商业环境中，还存在着另一种极端情况：有些数字化革新往往出现在一个在治理关系上高度离散的商业市场中，其中没有一个正式的层次结构，没有一家企业掌握所有的资源核心。在这样的创新环境中，所有的参与者是一个共同利益体，虽各自创新、快速学习，但创新的成果将不断相互叠加、嫁接，并最终形成多元复合的新数字产品。

另一个维度是相关资源的功能属性。数字资源既是连接性资源也是融合性资源。数字技术作为连接性资源，扩大了创新的应用范围，克服了时间与社会边界的限制，减少了时间成本。这体现为新的组织形式，如虚拟团队、开放型创新或众筹外包的业务模式。这些数字化模式可以提升流程效率和协作能力，实现多个专业组织的知识或资源的协同。此类连接性数字化革新有助于多个组织协商提出设计要求和选择特定的解决方案，并不局限于软件企业，通用电气、宝洁公司等实体企业也已经利用基于互联网的连接性数字化资源找到全球外包、技术共享等新的解决方案。与连接性资源相对应，数字化革新还能创造另一种融合性资源。嵌入式数字产品可以通过融合性操作转化为新产品，从而创造新的功能。无须依赖任何外来资源与组织，模块化和嵌入式数字技术可以赋予实物产品内生的自我创新能力，这种数字化过程被称为数字融合。数字融合在技术创新层面几乎不需要外部创新网络的支持，而且可使传统产品具备可操纵性与智能性，这是数字产品创新的显著特征。通过数字融合，在未来，传统实物产品将兼具交互功能、实时服务功能（如家庭设备智能化）和根据外部环境自主决策的功能（如无人驾驶汽车）。

根据上述两个维度，数字化革新可以区分为项目型、氏族型、联邦型和混沌型四种组织与管理形式。

（一）项目型

项目型多发生在一个企业内部，由企业调动自有资源，通过结构化的管理体系，实施目标明确的数字化革新。在项目型数字化革新中，管理结构是科层式，参与者是单一学科的专业人员，使用标准化的数字处理工具（如计算机辅助设计工具等），专注于明确的目标。通常企业用能力成熟度模型、全面质量管理等相关常规标准衡量此类数字化革新成效。

（二）氏族型

氏族是"一个共同利益驱动的群体"，其成员的地理位置高度离散，但各成员之间的知识体系相似、密切联系，出于共同利益产生协作生产。氏族型创新团队的成员（可以是组织或个人）使用相近且通用的开发工具，使用同一套专业话语体系和知识体系来阐释他们的产品理念，然而，这些成员既不受严格的科层管制，也不会对一个统一的权力中心负责。在这里，创新者更像志愿者而非员工，他们在社会联系的基础上根据他们的自身利益和兴趣行事。各成员在一个统一的技术平台上工作，以技术平台的标准判断创新产品的质量（如开放源代码社区）。氏族型并不是依赖传统结构分层控制的，而是依靠技术社区平台中公认的精英领袖控制并左右预期的创新方向与质量。在氏族型革新中，少数核心领袖和外围追随者共同参与，核心成员主要负责规范工作流程、制定参与规则，外围追随者根据自己的兴趣与特长自愿选择工作任务。氏族型与项目型最大的区别在于，共同的技术或社区平台可以动员离散分布的志愿者分享他们的知识资源，敦促他们贡献各自的专长，其本质原因是平台凝聚了成员们的共同利益与共同兴趣。

（三）联邦型

联邦型是指在一个系统管理的数字化革新联合体内部（如企业协议联盟），跨多个不同的行业领域，以科层管理为组织结构，成员使用不同学科的资源与知识，联合开发一个新数字产品。此类创新工作的知识来自跨多个学科的知识社群，创新联合体可以控制创新的关键要素，可以自由调动汇集在一些数字或知识平台上的资源。这些知识社群资源受到所在企业的严格控制，必须以企业协约联盟形式才能进入创新联盟的数字化革新平台。一旦进入创新联盟，各个专业的知识社群就会严格定义与规定标准化、模块化，开发有助于联邦型数字化革新的组件和接口，最终集成一个新的巨型创新产品。

联邦型数字化革新有三种典型应用：一是大型制造类行业，如航空航天、远洋船舶。这些产业的发展需要调动和整合从交通工程、机械工程、材料工程、电子电气工程、制造、物流配送到工业设计等不同的知识社群的创新。二是服务类行业，可应用联邦型创新的组织形式提供服务的综合解决方案。在这些行业中，企业通过专业咨询团队实施与客户交互，采用跨产业、跨地域的数字手段动态管理业务。三是部分企业将上述制造类企业与服务类企业的应用合二为一，为客户提供设备加解决方案的综合产品，而不是提供单独的软件系统或设备组件。此类企业不但为客户提供成套设备，还要针对客户所在行业的具体发展趋向，为客户专门设计整套生产与经营流程。

联邦型数字化革新发挥作用的关键是内部信息交互的激励机构必须能够鼓励相关创新者将最新的知识资源报告传递给创新联盟的决策者。在联邦型数字化革新中，成员来自产业关联、行业不同的各个知识社区，凭借不同类型的数字资源库、研究能力和社会网络工具的组合，从一个行业外部带来大量的新资源、新视角，使该创新联盟不仅拥有技术上的创新优势，还拥有跨产业的新颖视角，保持从技术到网络的全面竞争优势，然而，每个企业都有利用核心技术获取经济租金的强烈动机，这往往与整个联盟获取最大利益相悖，成了创新联盟发展的瓶颈。因此，创新联盟需要建立平台黏性与激励机制，既可以保护各个成员单位的利益，又可以促使创新者乐于在平台中提供最新成果。

（四）混沌型

混沌型主要服务于跨行业边界的数字化革新，其主要特征是组织成员的知识与专业背景迥异且高度动态流动，组织没有官僚层级，进行松散管理，创新的最终成果并不明确，具有高度的随机性。

从事混沌型数字化革新工作的团队，致力于超越传统的行业界限，可以开发出更加新颖且有开创新领域意义的产品。每个成员（企业或个人）并不是有意参与一次目标宏大的创新活动，而是遵循自己独特的商业逻辑和创新路径，在狭窄又专业的领域不断探索，然而，他们创新的路径和成果必然在创新过程中相互交织，使每个创新参与体都受到影响和冲击。这一现象在移动服务市场中表现得最为明显，随着个体移动数据传输应用的不断拓展，各大移动服务商纷纷学习并随之调整业务结构和企业发展战略。在这些市场上，无数以前从未有任何联系的成员（手机运营商、软件公司、内容提供商、硬件设备制造商、广告公司等）一起创造新的市场机会、商业模式和技术标准，然而，在这个创新过程中并没有一个明确的组织者与组织机构。

混沌型数字化革新管理需要注意如何调和成员间的利益冲突，促进不同企业文化和知识背景成员之间的良性沟通。整个创新的架构搭建和成员参与都是以自组织形式随机实现的。首先，这一创新过程涉及太多不同的知识资源与行业背景的成员，仅仅是内部沟通就极为困难。不同背景的成员不断涌入这一创新过程，大量的新知识、新理念不仅需要消化吸收，还需要在消化吸收的基础上不断创新，整个创新过程的复杂程度将呈几何级数增长。此外，与联邦型数字化革新类似的问题，在如此松散的组织体系中，几乎无法建立一种人人满意的资源分享激励机制。这种体系既要支持不同背景的成员之间沟通，又要建立信任和共享的奖惩机制。同时，由于技术和商业模式的飞速进步，上述机制也必须是高速动态自适应的。因此，混沌型数字化革新需要建立一个约束性、灵活性和开放性高速动态统一的管理机制。

第三章　数字经济企业的创新管理

第一节　数字经济新理念与企业创新管理

一、企业创新管理的内涵

现今，创新已逐渐成为人类社会经济发展的主要推动力。近年来，创新理论和实践进一步发展，如用户（供应商）创新、全时创新、全流程创新、全员创新等。在此基础上，为了适应当今社会的经济发展和市场竞争，国外的许多以创新为推动力的企业，如惠普、三星、索尼等，以及我国的领先企业，如海尔、宝钢等，都逐步开展了创新管理实践活动，并取得了显著成果。

（一）不同视角下的企业创新管理

1. 技术创新视角下的企业创新管理

从20世纪60年代开始，创新管理理论研究就主要立足于研究组织如何通过推动企业创新，以实现创新绩效。在复杂的创新战略中，产品的设计研发是创新的重要来源。

技术创新是在技术原理的指导下将潜在的生产力成果转化为现实生产力的过程，是技术的产业化、商业化以及社会化过程。

2. 制度创新视角下的企业创新管理

制度创新包含狭义和广义两个概念。企业狭义的制度创新即组织创新，重点研究企业产权制度问题；广义的制度创新则包括狭义的制度创新以及技术创新、市场创新和管理创新四个方面的内容。企业制度创新体系系统地考虑了企业制度的构成要素及内在联系，是系统创新观念影响下的制度创新内涵。

3. 系统创新视角下的企业创新管理

创新生态系统论认为，企业内部、企业之间、产业之间、区域之间、国家之间是一个整体生态系统，每个生态系统都是开放的并与外界相联系且自我动态调整的。

企业创新是一个开放而复杂的动态系统，技术创新仅仅作为企业创新的主要动力源泉之一，其作用的有效发挥离不开组织结构、发展战略、营销手段、人力资源管理等要素的支撑。20世纪80年代，随着环境的变化，以技术创新为核心的传统创新模式的局限性逐渐显现。创新管理系统观的研究建立在对企业动态环境的把握上，体现了系统全面的创新思维，摆脱了以线性与机械为基础的技术创新管理，突出了创新管理系统内各个子系统之间的互动对创新绩效的作用。

4. 全面创新视角下的企业创新管理

企业环境的变化将影响创新活动的成效，因此企业必须对创新流程进行管理，才能提高创新绩效。全面创新管理是创新管理的新范式，以培养核心能力、提高核心竞争力为导向，以价值创造（价值增加）为目标，以各种创新要素（如技术、组织、市场、战略、文化、制度等）的有机组合与全面协同创新为手段，通过有效的创新管理机制、方法和工具，力求做到"全要素创新、全时空创新、全员创新和全面协同"。进一步将全面创新范式的内涵概括为"三全一协同"，强调全员创新是企业主体在战略、文化、组织和制度上的实践运行。全面创新管理一方面延续了系统观对创新的非线性思考，另一方面确立了创新管理的立体思维。从挖掘企业持续竞争优势的源泉出发，其不仅强调了全员创新的主体作用，而且强调了创新要素的时空组合，是新时代背景下创新管理研究发展的主导方向。

5. 开放创新视角下的企业创新管理

企业不应局限在内部封闭系统之内，而应把外部创意和外部市场化渠道同内部系统相结合，使内部和外部的资源均衡协调发展，寻找与利益相关者共赢甚至是多赢的商业创新模式。

开放式创新摆脱了以往局限企业内部系统的格局，突出了更全面、更系统、更开放的创新生态观，极大地提升了企业资源的终极效率。因此，开放创新与全面创新的融合，将会是在知识经济时代背景下，企业面临的极限竞争与客户需求多样化环境下的必然选择。

（二）企业创新管理的特征及原则

1. 企业创新管理的特征

企业创新管理在实施过程中表现出以下几个特征：

第一，企业创新管理具有战略性，表现在既能够提高企业目前的经营绩效，又能够培养和积累核心能力，以保持竞争优势。

第二，企业创新管理具有整体性。全面创新管理是需要通过各部门、各因素共同协调配合才能完成的一项系统工程。

第三，企业创新管理具有广泛性。创新活动必须渗入组织的每一个事件、每一个部门、每一个流程、每一个角落。

第四，企业创新管理具有很大的复杂性。企业创新包括技术创新、产品创新、文化创新、管理创新等多项创新领域，这些创新既密切联系，又相互影响、相互作用，构成了一个具有一定功能效应的多层次复杂的企业创新系统，因此企业创新系统具有很大的复杂性。这需要综合协调企业创新系统中各子系统之间的关系，方能使之发挥综合的协调作用，达到促进企业发展的目的。

另外，企业创新系统还要受外界各种因素的干扰和影响，企业创新系统必须提高抗干扰能力。因此，要提高企业创新系统的整体功能，增强抗干扰能力，就必须研究系统的运行规律，加强对企业创新系统的管理。

2. 企业创新管理的原则

（1）全要素创新

企业需要系统和全面地考虑组织、文化、制度、战略、技术等要素，使各要素达到全面协调，以取得最优的创新成果。

（2）全员创新

企业创新不再局限于技术人员和研发人员，而应该鼓励全体员工共同参与。从研发人员、生产制造人员、销售人员到财务人员、管理人员、售后服务人员等，每个岗位都应出现出色的创新者。

（3）全时空创新

全时空创新分为全时创新和全空间创新。全时创新是指让创新成为企业发展的永恒主题，使创新成为各个部门和每个员工的必需品，使创新是每时每刻的创新而不是偶然发生的事件。全空间创新是指在网络化和全球经济一体化的背景下，企业应该在全球范围内有效地整合创新资源，以实现创新的全球化，即处处创新。

二、企业创新管理的影响因素

（一）企业文化

企业创新是企业在竞争中不断寻求新的平衡点与发展永恒动力的自我否定和自我超越的过程，企业文化创新跟进是创新成效不可或缺的连续行为，因为企业的任何一项创新首先应该是观念创新、文化更新与再造，所以只有企业具备了创新型文化、学习型文化、开放型文化、兼容性文化，企业创新才能更具活力和生命力。

创新管理文化不仅是中小企业创新管理的核心因素，也是开展创新管理工作的重要驱动力。中小企业管理人员应结合企业自身发展的实际情况与方向，建立一种符合企业发展全员创新的思想价值观念，并正确引导企业的基层职工认真学习和理解这种价值理念，树立正确的思想价值观念，进而培养全体员工树立积极向上的工作态度。

（二）企业组织结构

首先，优良的组织结构对企业创新有正面的影响。因为一个优良的组织结构可以提高组织的灵活性、应变能力和跨职能的工作能力，从而使创新更易于被采纳。其次，拥有富足的资源能为企业创新提供另一重要的基础，使得企业有能力承受创新的成本。再次，有利于创新的信息流能在各部门之间顺畅流动，有利于克服阻止创新的障碍。最后，作为企业创新管理的重心，构建学习型组织不仅有助于企业学习能力的培养，也会对企业长期发展能力的形成产生积极影响。同时，还要针对中小企业各部门之间的工作协调和信息交流，建立完善的沟通机制，并采用丰富多样的能力手段来全面激发员工参与创新工作的积极性，构建良好的创新环境，进而不断加强中小企业的知识管理，为构建学习型组织奠定良好根基。

（三）企业战略机制

在影响中小企业创新管理的关键因素中，战略机制因素在其中有着统领全局的积极作用。创新管理作为一项漫长的工作，如果中小企业领导没有给予足够的鼓励与支持，那么创新管理不仅难以获得理想效果，也会失去实际意义。因此，中小企业管理层领导应坚持长期开展企业创新管理工作，并在战略方面给予充分的重视与支持，同时应结合实际管理需要建立与之相适应的激励和决策机制，并且要在信息与资金等方面给予足够的支持，从而使中小企业的创新管理工作能够顺利开展，相应措施也能够得到科学全面的贯彻落实。

（四）人力资源

人力资源是创新的决定性因素，因为创新来源于企业员工的创新思想，来源于员工的创造力，来源于职工的整体素质。影响职工创新的主要因素有：基于员工创造力的组织；对企业员工的培训，以保持员工的知识能得到及时更新；企业员工的不断学习，互相迅速交流信息。创新系统必须有才可用和有才能用。为此，创新管理的方向之一一方面要加强创新人才的培养，另一方面要激活用人机制，其关键的一点就是要促进人才流动。

作为中小企业开展创新管理工作的重要保障，促进人才流动能够为促进企业全体工作人员参与到企业创新管理中提供有力保障。这需要积极参考员工提出的创新管理意见和建议，真正做到以人为本，并充分发挥全体员工的集体智慧。同时，在实行以人为本的管理理念时，中小企业管理人员不仅要紧紧围绕企业的共同目标和发展前景，还要积极引导基层工作人员积极主动参与到企业创新管理活动中。结合企业实际管理和发展现状，中小企业管理人员要不断更新和完善工作激励机制，促进企业全体员工都能够树立正确的工作态度与价值理念，不断提升企业员工对自身从事工作的认同感，增强其工作热情和自身对工作的成就感与使命感，并积极参与企业组织的相关学习、培训活动，不断提升自身的专业素养，进而从整体上增强中小企业的创新管理意识。

（五）通信与沟通方式

流动性不仅表现为人员的流动和思想的交流，而且表现为资金的流动。各种杂志、讨论会促使人们交流看法和经验，也会促进创新。总之，由成功企业家的"成功故事"引出的竞争，能够使自己的企业进入新技术交易市场或将其转卖给国际公司，这些都有利于创建创新企业。这些企业的成功最终取决于由一种创新的"临界质"带来的扩大效应和合并效应。其成功取决于大量的信息，而这些信息的快速流通以及通过强大的、多分支的通信网络为人们所共有。这些通信网络不仅包括互联网或企业内部网，还包括人员交往的关系网，凭借着会面、讨论和相互间的创造，这些网络成为出现创新的重要条件。

三、数字经济促进企业创新管理发展

随着"互联网+"的不断扩展，我国各行各业的发展模式都发生了巨大的变化，与此同时，企业的管理模式也正处于积极、快速的演变之中。云技术的不断应用，是"互联网+"时代的一大重要特征。在云技术环境下，企业的管理模式不断由简单化走向云系统化，不断形成"云终端"式的企业管理模式。

（一）数字经济给企业创新管理带来的变化

1. 数字经济破解企业创新链瓶颈

中国的制造业规模已连续多年位居世界第一，也是全球最大的工业产品出口国，但是中国制造的附加值偏低，在一定程度上存在着被全球价值链"低端锁定"的风险，瓶颈在于创新能力不高，突出表现为消费者与研发者信息分割、产业链与创新链对接不够等问题。传统制造业企业的研发流程是集中人才、财力开发一个新产品，然后在市场上进行推广。传统制造业企业失败风险较高，并且由于创新资源分散，在研发过程中难以整合业内研发资源，从而制约了创新效率。

数字经济正在颠覆传统制造业的研发模式，借助数字化的开放式创新平台，消费者可以深度参与到一个产品的研发设计中，使得消费与研发之间的障碍被打破。数字经济可以使得大量的消费需求信息低成本、及时性地呈现给企业研发设计部门，进而推动中国制造企业围绕庞大的消费群体开发新产品。企业可以尽快推出"最简可行产品"，通过在线消费者的体验评价、优化建议等逐步完善产品细节，这种快速迭代的研发模式是基于消费者的产品研发，把客户的需求信息和变化及时反馈到研发端，大大降低了产品的市场风险。同时，企业通过搭建数字化、网络化协同研发平台，可以打破行业、企业、地域等限制，集聚业内研发资源为同一个创新项目出谋划策。设计工具云端化为不同人员参与设计提供了标准和平台，可以有效地推动产业链与创新链的紧密联系。

2. 数字经济提升企业制造链质量

近年来，中国制造的产品质量明显提升，但在可靠性、连续性、稳定性等方面均存在一定差距，制造链质量是中国制造在转型升级中必须重视的一个核心问题。

数字经济为中国制造链的质量提升提供了新支持,数字化生产、智能化制造可以有效地提高生产过程和产品质量的稳定性。数字化工厂是基于数字平台的虚拟工厂和物理工厂无缝对接的工厂形态,虚拟工厂执行与物理工厂相同的制造过程,这种"数字双胞胎"技术能够及时发现制造过程中出现的问题,并对可能出现的问题进行预判,确保生产线正确运行和生产质量稳定。数字化工厂在解决标准化问题的同时,数字平台还可以通过对制造过程中产生的大量数据进行分析和挖掘,对生产制造流程进行优化提升,设备可以通过自我分析、自我决策,纠正上一道工序中出现的问题,提高制造链运行效率和产品质量,从而改变传统的工业知识沉淀模式。

3. 数字经济拓展创新服务链空间

数字经济正向"微笑曲线"两端高附加值环节延伸,尤其是向系统集成、综合服务等环节延伸。拓展中国制造的服务链空间,提高中国制造服务增值能力,培育一批能够综合解决方案的提供商,是中国制造转型升级的关键路径,但是,中国制造中代工、组装等占比较大,在服务化领域的要素积累和人才储备严重不足,因此向服务化转型面临较大障碍。

数字经济无疑为制造业服务化提供了技术和平台支撑,通过互联网、物联网、大数据等技术,制造企业在远程维护、在线监测、线上服务等领域拓展服务链变得更便捷、更高效。同时,数字化技术、互联网技术等可以推动制造企业整合内外部资源,创新服务化模式,在个性化定制、系统集成服务、解决方案提供等方面培育新业态新模式。大规模的制造业服务化可以催生第三方网络化服务平台,为同类制造型企业提供专业化服务,聚集海量数据,加快制造业服务业模式创新,这能够极大降低中小型制造业企业服务化转型的成本。

(二)数字经济促进企业创新管理发展的实现路径

数字经济为中国制造转型升级提供了新动力,同时,由于数字经济是一种通用目的技术和基础设施,也对中国制造业提出了更高要求,制造业呈现出"软件定义、数据驱动、平台支撑、服务增值、智能主导"的新特征。数字经济驱动下的中国制造转型升级路径正在发生变化,以平台化、生态化、软件化、共享化、去核化等实现"弯道超车"。

1. 平台化

数字经济驱动中国制造业企业向平台型企业转型升级。制造业企业生产组织方式平台化是大势所趋,海尔、三一重工、沈阳机床、红领等传统制造型企业依托数字技术和互联网加快向平台型企业转型,如海尔通过"企业平台化、员工创客化、用户个性化",把企业打造成一个集聚信息、资源、数据的开放式平台,既打通了内外部资源,又打破了信息不对称,推动了产业跨界融合,催生了一大批新产品、新业态、新模式,为企业转型发展提供了新动力和新支撑,制造业企业借助平台思维从生产者、交付者转变为整合者、链接者。当前,企业竞争加快向平台竞争转变,通过打造平台经济为全行业提供服务,平台价值随着使用者的增加而呈现指数级增长,在产业竞争中占得先机与优势。近年来,沿海地区制造业企业加快培育平台经济,即对全国乃至全球产业资源进行系统整合,把信息流、资金流、数据流等集聚到专业化平台上,进一步强化产业优势。

2. 生态化

在数字化背景下,不同产业和区域的生态之间开始发生越来越多的关联,它们可能将不再基于行业、地域等因素带来的条块分割,而是紧密地交错起来,让跨界地带产生丰富的创新空间,从而形成一个"数字生态共同体"。制造业企业可以通过平台经济培育壮大生态系统,促进消费者、设计师、制造商、服务商等参与方集聚到同一生态圈中,形成联动优势,生态链优势一旦形成就可以依托海量数据进行协同演进、自我强化,在激烈的市场竞争中彰显系统优势。未来,企业之间的竞争将演化为生态圈与生态圈之间的竞争。

3. 软件化

在数字经济时代,软件定义一切。当前,工业技术软件化趋势不断加快,工业软件定义了研发、产品、制造、运营、管理等业务流程,数字化设计、智能制造系统、工业互联网、人工智能、3D 打印等技术日趋成熟，制造业的研发方式、制造模式、业务流程、盈利模式等正在重新被定义。同时，工业软件云端化加速，基于工业互联网、面向特定应用场景的工业 App 也在持续涌现。尤其是数字工厂、智能制造的推广渗透，设备之间的端到端集成变得更加成熟，基本实现了"无人工厂"，其中的核心就是工业软件。

4. 共享化

在数字经济时代，制造业是共享经济的主战场，中国拥有超大规模的设备，在传统产能过剩和产品升级加速的双向挤压下，研发设计能力、生产制造能力、检验检测能力、物流配送能力等都可以通过共享经济平台进行交易，推动闲置设备、闲置工厂被重新投入使用，阿里淘工厂、航天云网等模式的成功运行，证明了共享经济在制造业领域存在广阔的发展空间。同时，面对个性化、小规模需求的快速增长，企业规模和产品批量小微化，单个企业投资大量设备占用资金，使用效率不高，共享工厂模式应运而生。当前，沈阳机床、明匠智能等智能制造方案提供商均谋划在优势产业集群、众创空间等布局共享工厂，为同类型企业提供加工制造服务，中小微企业可以通过在线平台传输数据完成订单、制造过程及交付、结算、物流等全流程，真正实现互联网制造。

5. 去核化

在数字经济时代，制造过程的各参与方均被充分赋能，大数据、物联网、智能制造等技术也使分散决策成为可能，并且效率会更高，科层制、事业部制等传统管理模式难以适应数字经济时代的新要求，倒逼制造业企业组织结构"去核化"（或称"去中心化"），每一个点都可以围绕客户需求对企业内外部资源进行重新组合，开辟新产品、新服务、新业态、新模式。例如，海尔近年践行的"人单合一"模式，把员工转变为平台主、小微主、小微成员，同时创新薪酬体系加快组织结构和管理模式变革，激活了企业内部资源，激发了企业内部"大众创业，万众创新"的热点，催生了一大批新业态、新模式，为企业转型发展注入了活力。

第二节 数字经济给企业创新管理带来的影响及机遇

数字化转型已成为中国企业级 IT 市场的重点词语，企业拥抱互联网技术的程度越深，其生产效率和效益就会越高。数字化转型会给企业带来颠覆性的改变，企业用户需要重新思考企业文化、战略、经营流程以及其他方方面面的问题，甚至包括与伙伴的合作，同时会给企业创新管理带来新的机遇，企业也需要为数字化转型做好充分的准备。

在数字经济时代，数字化转型正在被重新定义并能够提升企业管理水平。企业经营理念呈现出企业平台化特征，更加注重生态，让大企业做平台，小企业上平台；组织设计向扁平化进化。企业服务化职能强化；运营流程呈现出企业数字化特征，并强调数字化工作、数字化流程和数据挖掘。

一、数字经济迫使传统企业转型

企业组织规模的边界受内部交易成本、企业家决策水准、产品多样性等因素影响，均衡内部交易成本等同于外部市场运行成本的临界点。依托封闭式、垂直一体化层级架构，通过自上而下的行政命令来安排生产及交易，提升效率和降低交易成本，这是新时期企业的主要特点。时过境迁，如今，人类即将告别工业化，步入信息化时代。在中国，基于互联网和新一代信息技术的企业如雨后春笋般蓬勃兴起，迅速发展。与数字经济时代的新生企业相比，工业化时代传统企业所处的外部市场条件，如运行成本、消费者需求已发生深刻变化，这些变化的形成合力倒逼传统企业变革创新。沿袭科斯运用替代、边界两个概念工具分析企业性质的基本思路，考察数字经济时代传统企业遭遇的变革冲击、传统企业替代市场机制的基础是否动摇或发生变化和传统企业浴火重生的路径及启示，可能是一项理论与实践相结合的、非常有趣和富有挑战性的工作。

（一）传统企业受数字经济的内外夹击

从企业内部看，信息化改造虽然使内部交易成本走低，但传统企业自上而下的决策和执行机制即便采用了ERP等，也无法满足消费者日益个性化、多元化的需求。以往盈利颇丰的标准化产品逐步被新生代个性化消费者抛弃，结果企业产能过剩、库存增加、现金流紧张，内部交易成本走高。以往经济不振时，企业由临时裁员、兼并重组转向高利润业务、上市融资等老办法，已无法根治对市场响应迟缓和内部交易成本攀升等问题。

从企业外部看，市场运行成本降低和竞争日趋激烈正猛烈地冲击着传统企业。全球贸易便利化国际规则、交通及信息的互联互通、电子交易方式的普及、社交平台经济等在极大程度上降低了市场机制成本，使得未实施大刀阔斧改革的传统企业替代市场机制的成本优势不断走弱，而极少数先行变革成功者往往会抓住机遇窗口期，利用竞争优势，通过设立行业标准、抢占市场份额、产品定价权等方式获取行业垄断利润，哪怕是暂时的，也会加速传统企业的竞争性淘汰。考虑到互联网巨头利用商务运营、管理中沉淀的数据及背后的知识和规律可以轻松打破以往"隔行如隔山"的行业壁垒来实施横向跨界兼并整理，时下我们对传统企业的艰难甚至惶恐就可以理解得更深刻一些了。

（二）传统企业需要组织创新

由于企业交易成本走高、外部激烈竞争等因素影响，在数字经济时代，用户（消费者）导向的传统企业组织变革悄然兴起。开始实施组织创新的传统家电生产制造企业海尔就是典型代表。海尔消费者导向的组织变革经验有以下三点：一是积极构建消费者导向的企业服务生态系统。通过与消费者的多渠道互动，围绕消费者个性需求设计、开发和生产产品，海尔积极为消费者提供基于物联网、大数据和云计算技术的售后维保服务。二是转变自上而下的层级决策机构为自下而上的横向分散决策机制，具体来说就是裂变一个大组织为诸多小组织，然后依托小组织模拟构建比外部市场更纯粹的横向分散决策市场机制，变以往自上而下的决策机制为自下而上的决策机制，来解决传统企业决策信息不及时、不充分的难题，不断优化提升企业内部资源配置和对外部市场变化响应的效率。三是转变雇主与雇员的雇用关系为新型的合作分成关系，与员工共享企业利润剩余索取权。基于企业与员工的合作分成关系，每名员工都可以成为企业实质上的主人。依托新型合作分成关系，把考核评价员工的权利交给消费者，内外结合发力，使企业成为一个建立在自利基础上、以满足消费者需求为己任、以追求公司利益最大化为目标、与企业共同分享剩余索取权的互联式团队。

（三）传统企业正经历"互联网+"实践创新

为创新图强，传统企业不仅在组织创新方面实践探索，而且结合"互联网+"在设计、生产、执行、营销、维保、物流配送等环节开拓创新，寻求突破。从实践方面来看，近年来传统企业积极响应国家大政方针，大力发展和依托人工智能等新一代信息技术，降低企业交易成本、库存资金占有率和应收账款，不断提升企业利润水平和现金流。例如，山西太钢集团依托云计算、大数据、物联网等新一代信息技术，大力实施信息化改造，互联构建以纵向决策支持、运营管理、生产执行、过程控制、基础自动化五级架构为骨干，以用户个性化需求为导向的数据中心，全面对接采购、生产、质量、销售、设备及财务管理等业务流程，减弱了部门之间的壁垒，降低了资金、质量控制、订单追溯等方面的成本，提高了企业总利润率。

总体来看，传统企业正在"互联网+"的创新实践中积蓄力量、孕育新生。以往传统工业的标准化生产方式正被数字经济时代的个性化、智能化生产方式所替代，传统的受区域限制的线下现金交易方式正被线上数字货币交易方式所冲击，传统的分层、贴标签式营销正被智慧、精准的信息推送营销所替代，传统的物流配送服务正被低成本、高效率的智慧物流所替代。伴随着生产、交易、营销、流通方式的转变，国人以往传统生产、生活、交往的习惯、理念、文化正随着新技术的集群加速发展应用在全面重塑中萌生新枝芽。传统企业服务的市场正发生翻天覆地的变化，顺势而为，因势利导，勇于实践创新，方可突出重围。

二、企业数字化转型的过程及模式

（一）企业数字化转型的过程

企业数字化经历了三个发展阶段：业务自动化、行业互联网化以及现在的技术与服务融合阶段。

1. 业务自动化阶段

企业在这个阶段完成了业务自动化。这个阶段是技术替代重复的人工劳动，IT技术让大规模的生产类整合以及全球化成为可能，成了一种高效运转模式，但是在这一阶段，IT技术并没有对传统的商业化模式造成更大的影响。

2. 行业互联网化阶段

行业互联网化阶段有以亚马逊和eBay为代表的互联网商业公司兴起，互联网不受时间、地点和品类的限制，这对实体商业模式造成了很大冲击，两种商业模式在两条平行线上竞争，它们发挥各自的优势，在各自的舒适区域中博弈。

3. 技术与服务融合阶段

随着移动互联网技术、云计算技术以及物联网技术的不断兴起，物理实体世界的体验与虚拟的数字体验正在不断融合。在这个过程中，出现了很多新业务模式，新一代消费者也出现了。年轻人对消费服务的期望不同于传统消费者，他们希望随时随地获得各种各样的服务。

（二）企业数字化转型的模式

1. 流程创新

在传统的业务模式下，流程创新更多是围绕提高生产力效率而展开的，包括业务自动化、流程优化和效率提升。随着物联网和大数据的应用，流程创新更多地围绕抓住商业机会以及转瞬即逝的用户喜好展开，从而引导消费者采购。这个变化意味着从原来降低成本和提高效率转变成对商业机会的创新。通过对移动 App 的应用，店内的店员可快速有效地跟踪线上以及库存商品，快速填写出补货需求，这样便能提高每个店员的工作效率。

2. 体验创新

体验创新更多是指应用最新的感知与交互技术，通过触点分析打造出全新的用户和产品体验，包括场景分析、用户历程图以及触点优化。张松介绍说，国外一家酒店集团通过社交数据分析提炼出所有为酒店点赞或推荐的文字线索，发现几乎所有的线索都发生在顾客进入酒店前 20 分钟的体验中，所以针对这 20 分钟体验做了重点投资优化，即触点优化。

3. 模式创新

在模式创新中，我们可以看到很多公司在原有核心资源和核心竞争力的基础上，采用技术手段实现模式创新。

三、数字经济对企业创新范式产生影响

从创新的角度讲，全球的创新范式已经发生了很大的变化，主要体现在以下三个方面：

（一）创新范围已经从"封闭竞争"走向"开放合作"

创新更多是由多个企业在一个创新生态系统中合作完成的，创新边界已经超出了企业既有的边界。

（二）创新组织已经从"一体化"走向"平台"

"平台"以其特有的弹性，成为网络经济背景下的重要战略选择和组织形式，使得企业的创新活动同技术和市场变化共同演进。

（三）创新行为已经从"线性创新"走向"涌现创新"

未来我们需要培育友好的"创新生态系统"，即培育创新的环境，创造

创新的机会和激情，尊重和鼓励创新，引导创新行为不断涌现，相关各方共生跟进。

四、企业数字化转型带来的四大机遇

（一）数字经济加速企业应用创新

为跟上市场变化，各行各业都在改变新产品、新应用的开发和发布方式。在传统模式下，数据收集、设计、制造需要很长时间，而且预先对更新、测试、发布进行规划需要花费数月甚至数年的时间。

现在越来越多的企业转而采用敏捷设计、制造与发布，在速度和质量之间实现了更好的平衡，能够快速撤回不成功的新产品或新服务，而不影响关键服务和系统的持续运行。为建立更加敏捷的工作流程，企业必须实现更紧密的团队协作和无缝的系统集成，而且需要实时监控协作与集成的成果。

（二）用大数据增强企业创新的洞察力

大家都希望用大数据武装自己，但只有弄懂了数据的含义，才能将信息转化为竞争力。事实上，每个企业都拥有相当多的客户、竞争对手以及内部运营的数据，因此需要采用合适的工具和流程，去挖掘数据的真正含义，才能快速做出明智的决策，促进创新，并制订具有前瞻性的发展计划。

（三）数字化工具提供企业创新的工作空间

技术消费化趋势和移动设备的增多，导致如今企业员工的工作环境流动性远大于从前，工作空间的概念已经发生根本性变化。

工作将不再受时间、地点的限制，为了吸引和留住优秀人才，企业必须建立能够适应这种新型工作方式的环境和文化。合适的数字化工具和政策在这里显得尤为重要，利用它们，员工即可高效地应对职场中的各种复杂情况。

（四）适应企业创新业务发展的安全保障

企业在加速创新、缩短产品周期的同时，也面临着更多安全风险与威胁。

例如，随着更多应用实现互联互通，黑客成功侵入一个系统就能非法访问所有相连系统，而员工与合作伙伴所获得的远程访问权限，也让企业必须应对系统后门可能增多的疑问。

从安全角度来看，简化安全流程及持续不断地对所有系统进行推敲、测试和升级是至关重要的。自动化工具以及更好的协议配置可以让公司显著缩短发现和修补漏洞的时间差，从而最大限度地降低系统遭遇非法入侵和数据丢失的可能性。

第三节　企业创新管理的数字化转型

一、企业创新管理数字化转型的核心技术

（一）便利可靠的连接

便利可靠的连接主要表现在全球主流运营商网络的无缝集成与切换、GPS（全球定位系统）与北斗定位，以及商用卫星通信能力。

（二）混合云架构技术

混合云架构技术是基于公有云的技术架构，能确保数据隐私，打造"公有云+私有云"架构，具备多云迁徙能力。

（三）工业大数据处理技术

支撑工业大数据的广泛应用来自工业企业的最朴素需求。工业大数据处理技术是最接地气的工业大数据应用，包括宏观经济预测、配件需求预测、产品研发大数据分析、在外贷款风险管控模型、设备故障预测模型、服务模式创新等。

（四）可复制的应用能力

应对解决个性化/标准化的冲突和客户的个性化需求，可复制的应用能力既要具备大规模复制的互联网拓展模式，确定核心应用到后市场服务运营管理（通用性高、普遍的痛点、制造业与服务业的接口），又要利用互联网轻量级架构，打造组件化、微服务化功能模块，便于应用的自由配置和功能的个性化组合。

（五）集成应用的整体效率

集成应用的整体效率是指从接入端到应用端打通，跨技术层级的整体效率和易用性；开放性，能够对接各种外部应用。

（六）多层次、端到端的安全防御体系

多层次、端到端的安全防御体系是指建立云、管、端全方位的安全防御体系，如芯片硬件加密（TPM/TEE）、安全OS（隔离）轻量级、终端安全插件（轻量化）、设备端软硬件防篡改、识别并过滤IoT协议和应用、百万并发连接处理、无线网和固网加密传输协议、DDoS（分布式拒绝服务）攻击防护、云端安全运维中心、基于大数据安全态势感知等安全管理技术。

二、企业创新管理数字化转型的法则

（一）满足客户新需求

在数字化时代，行业之间的界限越来越模糊。从传统上来讲，有些企业只专注于一个领域，但未来的数字企业，需要更多地关注其他领域，开发新的增长点，从而满足客户的需求。

为构建以客户为中心的体验，企业不仅需要集成世界一流的技术，还需要改变原来的组织结构和流程，包括企业的管理层和普通员工都应接受企业

的数字化转型，提高对客户的关注度。只有这样，才能推动企业在数字经济时代实现长足发展。如今，全球各地的客户把更多精力投放在互联网搜索和社交媒体上。因为他们希望随时随地通过移动设备，灵活获取并快速利用这些信息。这场融合了Web（万维网）、社交媒体、移动商务和云计算的完美风暴正引发商务领域的巨变，而且在与企业的博弈中，客户在很大程度上重新占领主导地位。

思路转变也是改变链条中的关键一环，企业管理者和普通员工都需要拥抱全新的思维方式。企业建立一个数据驱动的思维至关重要，要有实时明确的分类数据，才能对竞争对手做出反应，对行业变化做出反应。

（二）善用大数据，借力物联网

随着数字技术的普及，几乎每家企业都面临着海量数据，如何从这些数据中淘到真金成为考验一家企业是否具有数字化能力的标志。虽然很多企业采集的客户信息越来越多，但他们却不善于利用这些信息。一般来说，企业的数据几乎都是暗数据（那些需要资金来存储、保护和管理，却没有得到高效利用，不能提升商业价值的内容），更重要的是，这些数据还分散在多个数据库中。这就使企业难以获得一个完整的客户视图。所以，当客户开始接触那些真正关注客户服务、了解并满足客户需求的企业时，这些缺乏完整视图的企业将毫无竞争力可言。

所以，企业不能总固守过去，而是需要以一种开放的态度面对未来。企业需要有实时的、明确分类的数据，以便对竞争对手和行业领域的变化做出反应。

物联网的普及势必掀起一股巨大的创新浪潮，尤其在制造业产品的价值链中，物联网定会起到举足轻重的作用，因为物联网是"工业4.0"理念极重要的一环。随着这股创新浪潮的兴起，企业不仅能够打造高效、灵活、模块化和自动化的智慧工厂，还能够基于物联网解决方案另辟蹊径，成功转型为利用云计算的增值服务型企业。

（三）全力打造数字化价值链

数字经济为企业创造了许多新的业务机会，这些机会涉及价值链的方方面面，但是，企业要想抓住这些机会，就必须快速、灵活地利用数据，因为数据是推动数字化业务运营和创造增值业务成果的动力。当前我国数字化价值链的现状是价值链由过时的系统、脱节的流程和分散的信息提供支持。毫无疑问，这会让企业在竞争中处于劣势。因此企业将无法在覆盖多个业务领域的端到端流程中及时制定决策，而流程本身的脱节更会延误策略。

复杂性是整个价值链中亟待解决的问题，然而，随着企业向数字经济转型，并采用物联网、社交媒体及其他外部的结构化和非结构化数据流，整个价值链将变得更加复杂。要解决这个问题，唯一的办法是在企业内部构建一个灵活的数字化核心平台。这样，企业就能够对财务、供应链、研发和制造等核心业务流程执行进行平台迁移，并实时整合业务流程和商务分析，从而实现更智慧、更快速和更简单的运营。借助先进的内存计算技术，企业终于能够摆脱批处理模式下的业务运营，也无须再构建复杂的流程来突破传统技术的限制。事实上，数字化的核心是能帮助企业化繁为简，并释放数字化业务的全部潜能。借助由数字化核心平台驱动的数字化价值链，企业能有机会提升业务价值和优化客户体验。该平台能够支持企业在所有业务领域实时制定决策，成为有效执行数字化价值链的重要一环。这样，企业就能够专注于战略性优先工作，而不是花时间维持系统的正常运营。

新技术发展到今天，不仅涌现了许多新兴数字化公司，也促进了一些传统企业的变身。企业应该明白，向数字化转型不是一蹴而就的事，而是任重道远。企业必须立即行动，在专业机构的帮助下，逐步打造数字化能力，尽快成为数字化企业。

三、企业创新管理数字化转型的技术趋势

数字化已经深深嵌入了所有企业。即使技术已经成为组织及其战略的重要组成部分，只有人本身，才能确保企业在一个以前所未有的速度脱胎换骨的世界中立于不败之地。

（一）智能自动：数字时代不可或缺的"新员工"

机器和智能软件将成为企业的新员工，为人类提供新的技能，辅助其完成新的工作，重塑无限可能。智能自动最大的威力是从根本上改变了企业与个人的工作方式，机器以其独有的优势与能力使人类工作完成变得如虎添翼。随着智能技术的日益完善，它将为人类工作带来前所未有的活力，激发无限可能。现在，企业可以换种方式完成工作，还可以做与众不同的事。机器和人工智能将成为企业的新员工，为人类提供新的技能，辅助其完成新的工作，从而重塑无限可能。

（二）柔性团队：重塑当今的数字文化

为了紧跟数字时代不断发展的步伐，实现宏伟目标，企业除提升工具和技术方面的硬实力之外，还需特别注意锻造"员工团队"这一软实力。过去，人们的职业技能、轨迹和目标都相对固定。如今，各种行业的企业都在培养"柔性团队"，他们能不断适应环境及自我调整，且具有较大的灵活性和较强的应变能力。借力于数字技术，企业员工不仅改变了企业将要做什么，更重要的是怎么去做。

（三）平台经济：由外向内推动创新

行业领军者已不满足创建新的技术平台，应致力于打造平台化的新经济模式与战略，推动全球宏观经济再一次的深刻变革。未来，无论是顺势而为向平台化转型，还是固守一隅，企业都需要在平台经济中找准合适的战略定位。

（四）预见颠覆：利用数字生态系统促进新的增长

精准农业或产业物联网等迅速崛起的各种数字化平台为构建新型商业生态圈树立了典范，促进传统产业转型升级。打造这些数字生态圈的企业不仅打破了行业疆界，而且向全新的商业对手发起挑战。以往技术颠覆力量说来就来，不可预测，但如今企业根据生态系统的发展情况就可以预见下一波趋势。企业如果能够立即行动，确定其在生态圈的独特战略定位，提供新的产品和服务，则有望在这场新的竞争中赢得领先。

（五）数字道德：商业道德与信息安全是加强客户关系的纽带

信任是数字经济的基石。用户不信任，企业就谈不上运营数据的使用与分享。在数字经济环境下，用户、生态系统和监管者之间应当如何获得和保存数据呢？坚强的网络安全与道德体系是固守客户信任的强盾。企业需要以产品与服务的创建为起点，认真考虑道德和安全问题。当企业与客户建立起长期的信任感时，企业将赢得长久的客户忠诚度。

第四章　数字经济治理的新路径

数字经济进入公众视野，展现的是对传统行业颠覆性变革，但数字经济发展的关键仍是治理能力的提升，如何跟上不断创新发展的数字经济，成了现在面临的问题。因此，我们要结合国情和企业自身情况，走出一条具有中国特色的数字经济治理创新之路。

第一节　建设数字政府，推进数据开放共享

信息和数据逐渐成为数字经济发展的重要生产要素和基础，在经济和社会发展中，海量的数据信息在不停地运转和流动。加强信息公开和数据开放共享对数字经济的发展具有重要意义。

政府部门拥有大量的社会信息、数据，若着力于促进数据的开放共享，我们应该以政府数据信息开放为重点，大力推进数字政府的建设。数字政府一般指的是建立在互联网上的、以数据为主体的虚拟政府，是一种新型的政府运行模式。数字政府实现了"业务数据化、数据业务化"及"数据决策、数据服务、数据创新"的以新一代信息技术为基础的政府政务架构建设。数字政府不仅是互联网+政务深度发展的必然结果，还是现阶段大数据发展背景下政府转型升级的必由之路。

在数字政府的环境下，政务数据信息可以得到快速便捷的流通与共享，并可以打造政务数字化服务链，提升政府的治理能力。政府的数字化转型是

指政府在治理过程中，以大数据"智能化"技术手段感知、分析、整合社会运行核心的各项关键信息，并通过经济组织、社会组织和公众的参与与协作，对政府决策和各项社会活动治理做出智能的响应，具体来讲，就是进一步推动建立统一的数据采集传输标准、数据交换平台和数据共享机制，同时，研究促进数据开放共享的政策法规，这些举措有利于打破数据壁垒、消除信息孤岛，从而推动市场监管、公共服务、民生保障和社会治理等方面实现数据共享，最终建立更具有责任性，更值得信赖，更加开放、透明、高效的政府，为数字经济的发展提供强有力的支撑。

我国大部分的信息资源掌握在政府部门手中，但这些数据大多没有被充分利用起来。政府部门与一般的企业不同，存在一定的公益属性，也缺乏政务信息资源开发的经验，从而导致大量的数据不能被公开利用。同时，数字技术迅速发展，很多人不懂如何利用新一代信息技术去开发政务信息资源，导致政务信息资源无法实现价值的最大化。因此，政府部门应该加强数字化信息平台建设，推动相关政策的实施，调动政务人员工作的积极性，学习数字技术，从而实现政府数据的充分利用和价值变现。

实现政务数据信息的开放共享，促进政务服务效率与质量的提升，最需要发挥政策优势，以标准化为切入点，逐步应用并完善云端共享平台，深度融合机制与技术的创新，保障配套资源支撑，分阶段、有重点地推进政务数据的共享。这需要以下做法：

首先，建立健全政策法规和标准规范体系，切实有效地为政府数据开放提供政策层面的架构支持与保障。政府信息应以公开为原则，以不公开为例外，对不公开的信息要明确给出不得公开的理由，进一步推动政务信息透明公开化的实施。除此之外，所有政务信息都必须及时公之于众，接受群众的监督，强化安全与隐私保护体系建设，切实保障数据安全，确保数据安全透明，构建基于自适应安全架构的主动防御体系。总之，政府要在依法进行数据保护的前提下，大力推动政府数据资源开放共享，加快推动政务信息资源开发再利用。

其次,加强对各级政府工作人员的数字化培训,推进政府数字化建设。大数据、云计算、人工智能等新兴技术的快速发展,给政府组织形态和运作模式带来了剧烈冲击,也给许多政府工作人员带来了巨大压力,使人们有了一定的危机意识,所以要抓紧加快对他们的数字化培训,以推动数字政府的快速建立。从短期来看,政府应做好各级干部的数字化知识和技能培训工作,集中培训一轮,增强机关公务员利用互联网技术和信息化手段开展工作的意识与能力。从长期来看,政府要制定适应数字政府发展要求的人才战略和措施,建立人才培养、引进、流动和使用机制,各部门应加强信息化机构和专职工作人员的配备,建立有效的数据管理体系和数据开放人才培养机制,为政务数据开放提供保障,从而推动信息化与业务的真正融合,为政府数据的开放共享奠定良好的基础。

最后,以制度创新、业务创新、技术创新驱动数字政府改革建设,形成数字政府整体化运行新模式。以政府行政运作过程中的各类问题和需求为导向,按需要实现信息的高效共享和跨部门的无缝协同,提高政府的整体运行效率。借鉴英国数字政府的建设经验,英国政府从三个层面进行突击:战略层面,在以用户为中心前提下,存在着从技术到服务,再到政府转型的演变;工具层面,始终聚焦于通过持续改革创新提高服务效率和效益;治理层面,保持了内阁的集中领导,并逐步形成政府部门、学界、产业界和用户共同参与的治理网络。我国政府应充分利用有益经验,合理消化吸收,充分发挥市场的主观能动性,盘活政务信息资源,从而最大化实现政府数据的经济社会价值。

政府积极推进数字化转型,实现数据信息的开放共享,其目的就是提高政务服务效率和质量,提升政务服务的供给能力。以浙江省数字政府建设为例,浙江省在信息技术及互联网产业发展迅猛的基础上,大力推进了"数字政府"建设。为此,省市两级和大部分县政府均设立了专门的数据资源管理部门,对全省数字化发展进行统一领导、统一规划、统一建设。目前,以"城市大脑"为代表的一批数字化应用已经初见成效。"数字政府"不仅成为各级政府和部门治理能力现代化的有力抓手，也使老百姓享受到"数字化"带来的红利。

在浙江诸暨市公共服务中心，我们可看到民政、不动产登记、投资项目审批等办事区域有序分布。其为保证办事秩序和保护每位群众的私密性，不同于传统窗口柜台形式，区域用隔板分开，群众可方便地办理不同的业务。原先交易办结需要至少9个工作日，而现在通过集中进驻、数据共享，办理人员基本在1小时就可以完成交易。另外，自助服务设备以居民身份证和统一社会信用代码为索引，将25个部门数据整合到公共数据平台，为"一证通办"信息管理系统提供了快捷的数据服务。只要一张身份证，办事工作人员就能按需从公共数据平台调取所需要的证明材料。可见，通过自助服务设备的配齐完善和政府的数字化转型，群众办事效率显著提高。2022年，覆盖浙江全省的民生网、服务网和平安网基本建成，各类社会服务向个性化、精准化、主动推送转变。

政府数字化转型不仅给政府自身带来了极大的工作便利，更重要的是使老百姓的幸福感得到了大幅提升。当政府的数字化转型成功时，当地旅游业的发展也会得到进一步改善，城市管理的优化不仅能够让当地的居民享受到数字化转型带来的便利，而且使外地游客也能够享受到数字红利，从而进一步提升城市的数字化发展水平。

当数据有效地用于管理时，新技术就能补上"能力短板"。杭州湖滨路西湖边的音乐喷泉总能吸引大量游客，短时间内聚集人流安全隐患较大。为了确保安全，管理部门常年设置硬隔离围栏，高峰时还辅以"地铁甩站"、公交不停等硬性措施，不仅效果不理想，而且游客的体验也大大下降。2018年下半年，音乐喷泉属地湖滨街道接入杭州"城市大脑"，通过大数据分析发现，虽然峰值人数能达到数万人，但在平日常态下也就几千人。根据该分析结果，相关部门进行了人流的动态管理，采取了精准管制措施，即放置硬隔离围栏天数从原来的一年365天下降到36天。"湖滨喷泉"现象是浙江政府数字化转型在现代城市治理中的生动体现。目前不少重点城市已成立城管、交警、旅游、环保等部门及一些区县和街道工作专班，将应用延伸至城市治理的多个领域。新型智慧城市的特点就是改变以往各部门"独善其身"的模式，利用人工智能加上大数据的支撑，通过数字化转型实现治理理念和能力的转型，以强大的数据力量提升现代化城市管理水平。

南沙自贸区在全国首创的数字政务可视化管理系统已经正式运行。来办事的市民群众只需要在"南沙数字政务可视化运行平台"上查看图表，通过图表上显示的全区政务服务运行状况，提前得知哪些服务平台人数比较少，然后去办理相应的业务，这既提高了政府办事的效率，也大幅提升了政务服务体验，使南沙互联网+政务服务管理和服务实现了弯道超车。"南沙数字政务可视化运行平台"由"今日政务""服务效能""数据共享"和"营商环境"四大模块组成，通过实时采集和加工分析南沙区综合政务服务信息平台、排队叫号系统、商事主体信息平台、事项管理系统、电子证照系统等的数据，实时掌握政务服务大厅的运行、企业注册登记概况、平台数据通达性、审批效能、窗口服务效能等情况，以完善政务中心的管理，更好地服务群众。

第二节 加强数字公民教育，提升数据素养

随着新一代信息技术和新一代人工智能技术的迅猛发展，人类社会正在经历一场由大数据引发的革命，一个"一切都被记录，一切都被分析"的数据化时代的到来，是不可抗拒的。在这样的大数据环境下，个体如何更好地适应新时代发展的要求，成了亟待解决的问题。数据素养则是个体适应大数据时代发展的重要生存技能。

所谓数据素养，是指人们有效地发现、评估和使用信息数据的一种意识和能力。外文文献常常将数据素养称为统计素养或量化素养。史蒂芬森等人提出，数据素养是一种查找、评价以及高效地、符合伦理道德地使用信息（包括数据资源）的能力。

通俗地讲，数据素养就是在新技术环境下，从获取、理解、整合到评价、交流的整个过程中使用数据资源，使得人们有效地参与社会进程的能力，既包括对数字资源的接受能力，也包括对数字资源的赋予能力。这里可以举一个通俗易懂的例子，大部分消费商都会雇用一些销售员进行销售，那么在当今时代，销售员不仅要进行货物的销售，还要将已售商品进行价格的录入和销售业绩的汇总，这都需要其具备数据的获取与理解能力。从一个简单的销售员的例子，我们可以深刻感受到数据素养的重要性。在大数据飞速发展的时代，数据素养会潜移默化地影响我们的工作、生活。

一部人类社会的历史既是一部生产和经济发展的历史，又是一部人类自身不断完善、素质和能力不断提高的历史。如今，恰逢面对大数据与数字经济快速发展的历史机遇，就个人而言，数据素养的提升能促进个体解放思想，创新自身的思维模式，提高自身对现实问题的分析和解决能力。就科研人员而言，许多学者分别从自身领域角度对一系列大数据相关内容进行研究，如从哲学角度反思审视数据、大数据引发的各种隐私问题与伦理问题、数据权利与数据权属问题等，通过数据管理和统计方法分析数据库和文档，从而获得对事物的认识，这也标志着数据素养成为科研人员开展科研活动的必备素养。就企业而言，数据素养成为企业创新能力提升与可持续发展的重要依托，成为大数据时代下企业脱颖而出、占领市场的重要技能。就国家而言，数据素养也成为评价国民综合素质的一项重要指标，成为一个国家数据发展水平、创新发展能力与国际竞争力的重要评比因素。可见，数据素养已然成为个人、企业与国家生存和发展的必备技能，如果不想被时代淘汰，我们就必须提高自身的数据素养，然而，个体数据素养的提高不是靠几个人的努力就能实现的，而是需要政府、机构、企业等相关部门的通力配合、共同努力，广泛传播数据素养的重要性，并且采取相应的实践与措施，最终实现数据素养的大幅度提升，以便更好地迎接大数据时代。

数据意识是数据素养的先导，政府部门及相关团体应积极地采取相应措施，增强公民的数据意识。各级政府应给予政策、资金、人才等方面的大力支持，同时国家政府、组织机构、社会媒体和各地区学校应加强通力合作，合力开展相应的教育普及工作。在宣传力度方面，政府应发挥号召作用，在社会上营造一种尊重数据、收集数据、使用数据和共享数据的社会文化氛围，让大家意识到数据素养的重要性。与此同时，政府可以利用新旧媒体的力量，在社会上进行广泛的宣传和教育，使人们意识到数据的重要价值，意识到数据对我们生存和发展的必要性，切实增强人们的数据意识。此外，学校也要通过不同的教学平台加强学生的数据素养教育，为培养数据意识奠定良好的基础。只有整个社会积极倡导、鼓励支持，我们才能不断加强自身数字素养方面的意识。

数据伦理是数据素养的行为准则，需要坚定的道德自律，合理安全地利用数据。政府部门在充分保证国家信息和数据安全、尊重公民个人隐私的前提下，应谨慎制定网络审查制度，避免不必要或者不合理地限制网络信息；充分尊重社会主体对信息和数据的有效、合理使用；同时，加大对违反数字素养行为的惩戒力度，使社会主体在使用、传播大数据的时候有所敬畏。企业应加强责任意识，正确处理好数据经济发展与个人隐私保护的关系，遵守数据伦理底线，保护个人隐私。个人要树立法制观念，增强数据安全意识，关键是要提升自身数据道德修养，坚定道德自律，合理准确地利用数据。总之，数据素养是每个公民的基本权利，任何其他社会主体不得侵犯，数据的规范性和安全性使用是数据正确的价值走向。

公民数据素养的提升不仅是缩小"数据鸿沟"的客观要求，也为大数据与数字经济的发展提供了有力支撑。各个国家为了未来在数字素养方面不落后于其他国家，获取数字经济发展的相对优势，都将数字公民素养培育放到了教育领域，同时鼓励各社会组织机构和社会公民积极参与到数字公民素养的建设中，以期通过教育的方式提高公民的数据技能，加快全社会的数字化转型，促进数字经济快速发展。

下面以美国常识媒体的网络健康计划为例，它就是成功探索数据技能培训的实践。美国的常识媒体是一家致力于为教师提供K12（学前教育至高中教育）领域数字公民项目的非营利组织，它提供不同年级的课程计划和教学工具包，涵盖了"网络安全""个人隐私和安全""人际关系与沟通""网络欺凌与伤害""数字足迹与声誉""个人形象与身份""信息素养""创意信用与版权"等教学主题。由于不同年级有不同的水平，所以美国常识媒体会根据年级来制定不同的教学主题和重点，虽然课程内容和计划不同，但"人际关系与沟通"和"信息素养"一直贯穿于所有年级，学生学习的重点是发现、评价和使用信息的能力，对数据信息的有效搜索和理解，以及深化数字公民的身份和数字的道德观念。开展免费的数字公民常识教育课程，就是为了让学生学会批判性思考数字行为安全，并有能力参与到变化的数字世界中，为学生未来的科技创新能力提供基础支撑。

根据国外的相关教育实践经验，我国也开展了以教育为主的提升数据技能的实践。所以，学校就成了公民数据技能培养和提升的主阵地。我国对学生数据技能的培训主要通过各种研究方法类课程及相关的实践进行，有些数据知识和技能已经嵌入、整合到各个专业课程的教学中，但有些课程的设置还不够完善，数据素养教育与学科服务结合得不够紧密，我国应该把数据技能教育充分融入学科服务、信息素养教育框架，以此满足不同学科、不同层次科研人员的需求。在实践方面，大数据工程师、统计专家和计算机专业人士相互合作，参与到大学教育的有关环节中。与此同时，学校加大了对师资队伍数据素养的培养力度，帮助教师在课程中整合数据，从而提升学生对数据处理和解读的能力。

第三节　重视数据法规建设，保护用户隐私和安全

随着人类社会向网络空间的大规模迁移，人们在互联网上花费的时间越来越多，安全与隐私的泄露问题也随之而来。数字经济的重要特点之一就是网络的广泛连接，人、机、物通过网络连接起来，被数据化的信息就大量流

动了起来，因而人们采集、获取信息变得更加容易，但是，由于数据中包含着重要信息、蕴藏着巨大价值，不当使用会给人们带来损害。因此，人们需要高度重视数字经济发展中的数据安全和用户隐私泄露问题。

数据权利兼具人格权和财产权双重属性，在大数据时代呈现出巨大的发展潜力，并且成了研究算法和人工智能技术等领域的基础，这就导致企业间争夺用户数据的事件也时有发生。许多网络信息平台在商业利益的诱惑下，将所收集的消费者隐私信息用于其他用途或是出售给第三方，导致大量的隐私信息泄露。

同时，缺乏成熟的数据保护技术，公众数据保护意识不强，也会导致数据库中的个人隐私信息极易泄露，并存在被恶意使用的风险。层出不穷的信息泄露事件都在提醒着我们要重视数据信息的保护，重视自己隐私信息的合法收集、限制使用与安全储存。

在大数据时代，很多对个人数据信息不当的利用行为伴随着隐私侵犯的风险。2017年11月，我国首家"信息换商品"店铺开业，顾客可以用自己的隐私信息换购各种价位的商品，但在换购后，出卖手机号码的顾客马上收到了一则垃圾短信，出卖邮箱地址的顾客被搜索出用该邮箱地址注册过的网站，出卖照片的顾客则被用照片合成了脱发广告的代言人。人们往往对自己的隐私缺乏保护意识，随意利用个人隐私的披露换取高效便捷的服务或是娱乐体验。

数据权利的归属不够明晰，实质上对用户数据权利的实现也会产生不利影响。目前，虽然很多企业在提供各种服务前，会先行弹出授权界面，但实际上受制于格式合同的用户仍然处于相对弱势地位，并不具备拒绝同意条款的能力。其实，在很多情形下，用户一旦选择拒绝同意则完全无法获得相应服务，影响其正常的服务需求，如出行、购物、网络聊天和论坛交流等，所以只能选择同意。

以网络上测试人命运的小程序为例，用户要想成功测试自己所谓的前世身份、爱情观等，就得输入个人姓名、性别、生辰八字、手机号等信息，否则就无法享受服务。这实际上是后台运营商收集个人隐私数据的手段，运营商完全可以根据用户所输入的个人信息拼凑出完整的隐私资料，引发电信诈骗和电信盗窃等违法行为，从而威胁用户的实际利益。

法律具有滞后性，一般很难跟上技术和经济发展的步伐。数字经济的快速发展与滞后的现存法律、规范和制度之间必然存在着冲突和摩擦——这是影响用户数据安全和隐私保护的重要问题。这个问题主要表现在两方面：其一，数字经济冲破了既有的制度和法律框架。其二，数字经济发展出现的一些新现象、新内容、新业态缺乏适用的法律规范。美国早在1974年就制定了《联邦隐私权法》，欧盟在1995年颁布了《欧盟数据保护指令》，英国也在1998年颁布了《数据保护法案》，我国在2021年11月颁布了《中华人民共和国个人信息保护法》。

尽管在数字经济发展中面临诸多挑战，但我们不能因噎废食，而应该努力营造包容审慎、鼓励创新、规范有序的发展环境，避免过度使用固有思维和框架对其监管，建立符合新时代发展要求的法律法规。同时，我们应该增强公民自身数据隐私的保护意识，在个人数据信息的使用和保护之间寻找平衡点，实现大数据的安全保障体系与个人信息保护的有机结合，争取在隐私保护允许的范围内充分发挥大数据应用的优势，从而推动大数据与数字经济的稳定发展。

首先，完善隐私保护的法律政策体系。大数据交易平台要制定对平台交易主体违规操作的惩罚规则，通过专门立法，明确网络运营者收集用户信息的原则、程序，明确对收集到信息的保密义务，对于不当使用、保护不力的情况应承担相应的责任。同时，由于社会中总出现利用公民信息违法犯罪的现象，公安机关要加大对网络攻击、网络诈骗、网络有害信息等违法犯罪活动的打击力度，切断网络犯罪利益的链条，持续形成高压态势，落实法律保护公民个人信息的规定，使广大公民的合法权益免受侵害。总之，我们应立足国情，从我国数字经济发展的现状出发，制定符合自身发展需要的个人信息保护法律，完善法律体系，使人们在享受数字化带来便利的同时，避免个人信息数字化带来的安全和隐私风险。

其次，提升数据信息保护的技术水平，健全数据平台使用的监管机制。目前，我国个人隐私信息服务和存储平台的建设还不够完善，而个人信息又具有巨大的商业价值，所以政府应加强对个人隐私信息服务平台的监督。平台要做的就是对其从业人员进行严格监管，使平台的工作人员负有高度诚信义务，在数据交易过程中不偏袒任何一方，在交易过程中对知悉的有关大数据产品信息要尽到保密义务。同时，严格审查平台注册会员的资格，保障平台的交易主体具有较高的信用。另外，针对系统漏洞和技术薄弱处应更新技术保护手段、加强数据库的安全维护，同时要强化数据库监管，可设立数据库监管的执法机关，针对数据库管理和使用机构内部人员违法盗取或出售个人数据的行为进行监管并处罚。正在逐渐走向大众的区块链技术，其"去中心化""集体维护"和"匿名化"等技术特点，有效地保护了数据在开放下开放化、透明化的个人隐私。

以中国联通、中国电信和中国移动为例，它们是中国最大的三家运营商，提供给公民最基本的网络服务，所以拥有大量的个人隐私数据，如个人身份信息、联系信息、家庭地址以及客户浏览网页时的 IP 地址等。对于这样的大平台，政府应加大监管力度，制定相应的政策和有效措施，同时督促上述公司加强对涉及隐私信息操作人员的管理与监督，对网络安全设备的检查，及时升级和维护隐私信息保护软件等，努力做到实时监管、实时处罚，促使运营商提升对个人隐私数据的保护水平，避免出现隐私信息泄露的问题，损害公民的自身利益。

最后，强化公众的隐私保护意识。政府应加强宣传数据安全的重要性，引导公众提升保护自身隐私的主观能动性，主动拒绝不良网站、企业等非法收集个人信息的要求。当遇到侵犯个人隐私行为时，公众要勇于发声，拿起法律武器捍卫自己的隐私权利。当有各种来路不明网站要获取你的信息时，不要因为一点利益而出卖自己的身份信息，因为这可能会导致更严重的利益损失。在侵权责任纠纷中，受害者应积极地向法院主张其权利被侵害且要求赔偿损失,并提供初步证据证明其权利被侵害的事实才能立案,立案后要提供确切、真实的证据说明自身受到的损失,积极维护自身的权益不被侵犯。

  目前,与国家保密方面相关的法律法规比较健全,但在个人隐私保护方面的法律却比较缺乏。因此,政府应加大相关法律制定的力度,企业自身也需要自律,对数据中心行业的从业者行为要进行规范,促进和保障数据中心行业健康发展。政府是世界上最大的数据收集者和消费者,每天都会有大量的数据需要政府处理,是保护数据隐私的一道重要防线。

第五章 数字经济协同的创新管理

第一节 数字经济治理的关系协同

一、数字经济治理目标的协同

建立多元主体的数字经济协同管理体系,推进数字经济协同管理,首先要解决的问题是数字经济协同管理目标之间的协调问题。治理目标的协同性不仅涉及多个主体之间的协同性,还涉及数字经济协同性治理的有效性。从更广泛的角度看,数字经济治理作为国家治理的一个重要组成部分,其质量的优劣不仅会对国家治理的效果产生影响,还会对国家治理体系和国家治理能力的现代化产生影响。

(一)直接目标:推动经济高质量发展

数字经济协同管理的直接目标是发展好数字经济,从而促进经济高质量发展。目前,数字经济正以爆发性的速度发展,其对经济的辐射带动效应正在不断增强。在G20杭州峰会上,推动数字经济的发展成为《二十国集团创新增长蓝图》中四项重要举措之一。发展数字经济、提高经济发展质量、扩大经济增长空间,已经成为国际社会的共识。大数据的开发与应用是构建现代化经济体系的必然要求。我们要始终将供给侧结构性改革作为主线,加速数字经济的发展,促进实体经济与数字经济的融合。

一方面,数字经济是引领经济向高质量发展的重要驱动力。目前,以互联网为代表的新型信息技术正处于快速发展、跨领域融合的爆发阶段，并已成为推动新一轮科技与产业变革的主要动力。近年来，中国数字经济在国内生产总值中所占的比例一直在不断提高，已经成为拉动我国经济增长的一个主要力量。另一方面，数字经济对实体经济的发展和传统产业的升级起到了推动作用。数字经济与传统制造业的深度融合，持续产生了一些新的业态和新模式，如网络化协同制造、个性化定制和远程智能服务等，这些都是引领传统制造业进行数字化转型的重要动力源泉。

除此之外，数字经济还可以帮助实体经济降低运营成本、提高生产效率、提高供需匹配精度，促进经济朝着形态更高端、分工更精细、结构更合理、空间更广阔的方向发展，是实现经济高质量发展的重要支撑。所以，数字经济协同管理的实质，就是要使数字经济成为一种促进经济高质量增长的主要力量，这也是它的直接目标。

（二）根本目标：提升国家治理能力

面对数字经济发展的现状，以促进治理能力的提高为核心，是数字经济协同管理的根本目标。数字技术促进了各行各业的数字化转型和升级，带动了全社会的数字化转型。一方面，我国的社会主要矛盾已经转变为人民日益增长的美好生活需要和不平衡不充分的发展之间的矛盾。因此，人民群众对以数字经济为代表的高速、泛在、高质量服务和高质量产品的需求，有了很大提高，这直接促进了万物感知、万物互联、万物智能的智能社会和数字经济的迅速发展，数字经济也渐渐成了现代化经济体系的重要内容。在我国，数字经济的发展已经成为一种必然趋势，然而，数字经济的发展具有规模大、影响深、变化迅速、参与主体众多的特点，这给传统的管理模式带来了新的挑战。所以，我国应对数字经济的发展进程、成效和存在的问题进行及时、准确地掌握，建立与数字经济发展相适应的多元主体数字经济协同管理体系，提高数字经济的治理能力，从而推动国家治理能力的现代化建设。在此基础上，我国应充分调动社会多方参与的积极性，建立协同管理模式。我国要利用现代信息技术和手段，向决策者们提供能够推动国家治理现代化和数字经济治理的真实信息，这样才能对经济政策进行及时的调整和修正。我国要利用大数据手段，为数字经济治理提供全量、精准的信息，从而进一步降低协同管理成本，提高协同管理效能和协同管理效率。

（三）最终目标：增进人的福祉

以增进人的福祉为目标，维护数字经济发展秩序，是实现数字经济协同管理的最终目标。数字经济治理能力现代化问题是从维持数字经济时代经济社会正常运行秩序，推动数字经济健康、文明发展的需求出发的，但这并非数字经济治理的最终意义。增进人的福祉是维持数字经济发展秩序的最终目标，它为实现人的全面自由发展提供了重要支撑和重要保障。人的全面、自由发展是马克思主义社会治理的目标。应该将是否有利于增进人的福祉和人的全面自由发展，作为对数字经济治理水平和数字经济发展程度进行评价的价值尺度。

从建党之日起，中国共产党就始终坚持以"人的全面发展"为基本宗旨，并将其视为实现人全面发展的重要途径。以增进人的福祉和实现人的全面自由发展为价值导向，突出了人在数字经济生态中的主观价值。我们要始终坚持"以人民为中心"的发展理念，持续强化并完善数字经济基础设施，持续强化应用技术的研究与开发，为让人们能够更好享受到数字经济的红利提供可靠的硬件保证；要重视数字经济文化与内容的构建，为人的全面发展提供文化支撑；要大力推进互联网＋教育、互联网＋医疗、互联网＋社会保障、互联网＋政务服务等新业态的发展，让人民群众有更多的获得感。加快数字经济的法治进程，就必须强化与数字经济相关的立法与执法工作，在赋予各种主体在线表达自由与行动自由的前提下，也要有效地保障各种主体的合法权益，为人们的自由与全面发展营造一个良好的数字经济生态环境。在数字经济的管理中，最重要的目的就是要让人们能够享受到数字经济发展带来的红利，提高社会的生产水平，提高人们的生活质量。

二、数字经济治理理念的协同

价值在现代国家治理系统中居于顶层,是国家治理体系根本的指导思想。国家治理制度牵涉的领域是非常广泛的,它需要一个被全社会公认的价值观来统一、协调、引导。

价值系统与价值观对国家治理现代化具有重要意义。治理的实质就是立足于一系列的价值观念、政策与制度,人们能够在一定程度上达成共识,从而使公共事务达到公平、公正与有序的目的。数字经济协同管理作为国家治理体系中的一项重要内容,不仅要符合国家治理的基本理念,而且要具有对多元主体的凝聚功能。价值观决定着人们的思维取向,决定着人们的行动选择。人们有怎样的价值观,遵循怎样的价值观,就会产生怎样的治理理念和制度。基于国家治理体制、数字经济特点、数字经济治理目标,政府应该构建中国数字经济协同管理的"人民性""法治性""科学性"三个维度的价值体系。这一问题的出现主要有两方面原因:第一,国家治理的价值取向。从某种程度上说,现代国家治理就是对"国家管理"的一种体现,它的本质可以提升为"治理"层面的管理。国家治理体系和治理能力现代化自身蕴含着强烈的服务导向、绩效导向、法治导向、责任导向等价值导向,自然地就与人民、法治等价值理念紧密相连。第二,与协同管理的目标定位有关。数字经济协同管理的目标本身就包含了要增进人的福祉、要体现人的全面自由发展、要正视数字经济中存在的问题、要推进数字经济的迅速发展等,这就必然要求政府从人民、法治、科学的维度来推进数字经济治理。

(一)坚持人民性的价值立场

数字经济已经成为时代发展的新引擎,数字经济同样与每一个人的生产和生活密切相关。发展数字经济,推进数字经济的治理,就一定要站在人民的角度,紧紧依靠人民,发展为了人民,这是数字经济协同管理价值体系中排在首位的原则。一是协同管理的主体要具有广泛性,因为它不仅表现为新技术与传统行业的融合，而且表现为个体消费者、服务提供商、企业、政府等多个主体的融合。数字经济是一种"多数"经济，因此，对其进行治理，也要以"多数"为基础，保证所有主体都能平等参与其中。二是协同管理模式要体现出协商的性质，即"大家的事大家一起商量"，除了强调协同管理模式外，还应注重运用协商、合作等其他治理模式，努力促进行业企业加强自我管理，并倡导社会成员进行共同协商、共同治理。三是利益分配中要体现公平性，一方面，要保证每个人都能适应数字经济的发展，享有相对平等的数字信息，使社会中的弱势群体不会被落下，也不会出现新的社会不平衡现象；另一方面，要让数字经济服务于每个人，让大家可以平等地进行创新创业，享受优质的产品和服务，享受数字经济带来的红利。

（二）遵循法治的治理理念

法治作为一种社会管理的根本手段，其核心问题就是要建立一个以法为本的社会管理体系。法治又是依法治国的基本体现，依法行政的能力又是治理能力中最为重要的一项。国家治理有赖于各方面的法治，而健全的国家治理的关键在于建立一套合乎常理、行之有效的法律体系，并保证其在制度层面得以有效实施。任何事情都是事先准备好的，没有事先准备好的，就什么都没有了。数字经济属于一种正在蓬勃发展的新事物，要尽可能地让数字经济与数字经济法治建设保持同步，用一个良好的法治环境来保证数字经济的持续健康发展。要有好的法治，就要将数字经济发展中的重点、难点、热点问题和法律风险点作为重点，加快制定相关的法律法规，用硬法兜住底线。要有健全的制度，尤其是要以数字经济的协同管理为中心，建立起行之有效的监督机制、激励机制和运行机制等，用软法来对发展进行规范。用法律法规来明确政府在数字经济治理中的主导地位，并明确企业和社会在数字经济治理中的权利与义务。

（三）注重科学性的治理导向

国家治理是一个具有复杂性、系统性、基础性、全局性、长期性的系统工程。科学的国家治理,就是坚持科学的精神,在国家治理过程中,遵循经济社会发展的基本规律和特征,实现有效的治理。所以,实现国家治理的现代化,就要对那些与社会发展不相适应的制度进行变革,并让其在社会生活中发挥更大的作用。数字经济在表现形式、关联程度、迭代速度等方面都与传统的经济形态有很大区别,并且,数字经济也已经上升到了国家战略层次,所以,科学的管理对于数字经济的健康发展具有非常重要的意义。尤其是现在,我国正在从传统的工业经济转向数字经济,在这个过程中,我们的治理工作还没有跟上发展的步伐,模式还没有固定下来,手段还没有跟上,利益主体的矛盾也比较突出。这就要求在数字经济中,我们要鼓励创新和科学施策。在治理机制上,我们要对数字经济的创新属性更加重视,要对信息技术快速发展和变化的特点给予更多的关注,多使用事中事后监管及大数据等技术手段来对治理进行辅助。在资源配置上,我们要充分发挥数字经济资源配置效率的优势,鼓励各类平台企业多提供有价值的交易信息和中介服务,也要预防无序竞争、行业垄断的现象,鼓励同类行业企业进行正常的市场竞争。

三、数字经济治理议题的协同

不管是大到国家治理,还是小到数字经济治理,如果要对治理的主体和机制进行研究,那么我们就不能将具体的治理议题分开;不然的话,在具体实施治理行为的时候,就会无从下手,没有任何规律可循。章晓英与苗伟山在其《互联网治理:概念、演变及建构》一文中,参考联合国教科文组织的成果,从社会、内容、技术、基础设施四个层次对网络治理问题进行了分类,并将网络安全、内容建设、技术开发与资源分配等问题列为网络治理问题。这一部分考虑的是因特网的特定内容,而非因特网管理的特定议题。治理问题的重点在于治理的依据、治理的范围、治理的主体以及治理的方法。何明升在其《虚拟社会治理的概念定位与核心议题》中,以此为切入点,提出了"治理的合理性""治理的边界"等问题。数字经济已深入到人们的日常生活中,并在国民经济中占有举足轻重的地位。对数字经济协同管理的研究，第一步就是要对其正当性和合法性进行界定。第二步就是要对其边界划分、权力结构，以及国家特征等问题进行分析。

（一）数字经济协同管理的正当性

最近几年，随着数字经济的快速发展，出现了许多新热点和新业态，数字经济既促进了经济和社会的发展，又对社会的秩序产生了一定影响。所以，很多人都在反思，是否应该停止以"鼓励创新"为旗号，让数字经济漫无边际地发展。

还有一些学者认为：由于数字经济的迅速发展，人们获得了空前的权力和知识，但是人们并不清楚这些权力和知识该如何使用，也不清楚将它们交给谁去管理和限制。"以力破的"，将错失良机；如果采取软弱的态度，很可能会导致"无政府主义"。在现实生活中，随着数字经济治理日益成为各国政治关注的焦点，政府的角色也日益被人们所认可。例如，欧盟主张对因特网进行适当的政府干预，英国宣称因特网并不存在法律空白，而法国主张政府部门应联合技术开发者、服务供应商和用户共同对因特网进行规范。

当前，大部分国家都对数字经济开展各种形式的监督和管理，数字经济治理也是人们所期望的。首先，网络等信息技术是高科技的聚合体，对高科技的预测和调控，包括克隆技术、纳米技术和网络技术等，对高科技的影响，以及对其产生的社会影响，都具有重要意义。其次，由于数字经济具有多元主体互动的特征，它超出了"私"的范畴，所以需要兼顾公众利益与社会秩序。从传统的互联网治理角度来看，在现实生活中，任何一个国家都不会放弃对网络信息的管理，从政府部门到特定的组织，都把对网络和网络信息的管理看作自己义不容辞的职责。最后，由于数字经济的外部性很强，所以，必须有多个社会主体的参与，才能实现社会—经济的协同管理。

（二）数字经济协同管理的边界性

在何明升的研究中，他把数字经济的管理领域分为三个层面：虚拟空间的管理、虚实关系的管理和国际管理。在此基础上，我们还将从三个方面对数字经济中的协同管理边界问题进行研究。

一是在虚拟空间方面，随着网络和其他信息技术的发展，人们在时间和空间上的变化，使得人们对生产和生活有了新的理解，虚拟空间也逐步成为一种相对独立的领域。从这一点来看，虚拟空间是数字经济中一种独一无二的场景，为人们的生产生活提供了更丰富、更多样、更便利、更经济的特殊环境，但实际上，这种"有限"的虚拟世界，却是无政府主义者们最想要保护的地方，在这里，有许多见不得光的交易，也有许多隐秘的交流。因此，我们有必要对虚拟空间进行有效的管理。

二是在"虚"与"实"的关系管理上，"虚"的存在并非孤立、封闭，它是"实"的社会形态。因特网是一种无中心的、在任何一个节点上都能进行交流的信息网络媒体，它充分反映出了"网络逻辑"的结构形式。因此，我们可以看到，在这个世界上，虚拟空间只是一个亚形态，它只是这个世界中的一个角落。在此基础上，本书提出了一种新的、更好的、更高层次的治理模式。与此同时，由于数字经济秩序的公共物品性质，在对其进行治理时，我们既要保护公民和企业的合法利益，也要保护社会的公共利益。数字经济的管理，既要有自律，又要有政府的监督，否则将会导致其发展不受控制甚至失去控制。

三是在数字经济的国际管理中，数字经济的治理不仅要有跨国界的特征，而且要有一国的意志。首先，在数字经济领域存在着主权争议，如中国".cn"这个域名无疑是中国的一部分，应当受到国家的管辖。其次，数字经济具有一定的流动性，且某些数字资源又具有一定的稀缺性，使得对数字经济的司法管辖具有一定的模糊性。与数字经济相关的核心资源配置管理，如域名管理归属、根服务器管理等，又是影响国家安全的重要因素，也是国际社会关注的热点问题。另外，随着电子政务、电子商务、移动支付、网约车、网租房等新经济形式的兴起，世界各国开始了对数字经济的新一轮竞争，即争夺新经济的制高点，并想尽一切办法获取其他国家的数字信息。因此，无论从哪个视角来看，数字经济治理领域都是数字经济协同管理领域的一个重要课题。

（三）数字经济协同管理的权力主体

不管是从数字经济的特点，还是从社会对数字经济治理的要求来看，数字经济协同管理的主体都不应该再被限制在传统的以政府为主导的一元治理模式之中，而是应该包括政府、数字经济企业、相关社会组织和公民个体在内的能体现协同性的多元治理模式。在生活论的视角中，数字经济治理被看作一个在网络生态环境中，多元主体相互协调、相互影响、相互合作的过程。这里的多元主体指的是包括非政府主体在内的各类社会主体。我们也应该认识到，尽管互联网作为一个技术体系，具有一定的自组织功能，它可以在一定程度上对其自身存在的不协调、不平衡等问题进行修补。但是，因为在技术实体周围或者附着在技术实体上的其他个体非常多，而这些个体之间不可能自组织，也不可能自动地产生协同效应，所以，我们就需要设置一些规范和约束，让所有个体成员都必须严格遵守并相互监督，但是，在设置规范性条件时，必须保证个人在社会中的地位相对平等，否则将导致社会新的失衡。

在数字经济治理的多元主体权力结构中，因为政府拥有法律授权的正当性和管理治理的权威性，所以政府应该处于协同管理的领导地位，但是还应该将其他主体以及社会自身的管理都包含进来。因为协同管理主要表现为多主体参与治理，所以它对其他治理主体的权力给予了认可，从而保护了其他主体的治理权不受侵犯，也有助于并促进其他主体在协同管理的过程中，提高自身的治理能力。一般而言，完善的多主体权力结构是通过三种机制的相互制约构成的：一是强调各主体自我管理、自我完善和自我修补的自我约束机制。二是它的"他律性"，指的是政府职能与社会机构的高效运作。三是相互约束机制，即各主体应形成一种互相制衡的状态，在一方实力太强的情况下，利用彼此约束的作用来达到权力均衡的效果。

（四）数字经济协同管理的国别特色

目前，在因特网等数字经济蓬勃发展的今天，各国对数字经济的管理是否仍有各自的特点？各国是否都必须遵循同样的管理逻辑与管理方式？从实践中我们可以发现，真正利用互联网并参与数字经济活动的是真实的自然人，他们通常以"群"的形式存在于虚拟空间。正是互联网中时时刻刻无所不在的"群"，使得数字经济及其管理呈现出不同国家的特点。"群"里的组织与个体，一方面与真实的企业、团体或个体相对应，另一方面具有地域、文化、民族的符号。尽管在人类学领域存在着普遍性与历史性的争论，但是，从现实角度来看，不管是"群"里的团体或个体，他们的线下活动，或者是线上的交流、沟通与活动，都离不开地域性的、个性化的体验，并具有特定的国家特征。与此同时，具有共同愿景的、带有个性烙印的团体或个人在网络平台上交互、交流、影响，又会产生具有特定区域及文化特征的知识，这些知识经过扩展和扩散，又会影响到网络平台上的每一个人，如此循环，最终导致网络平台逐步形成具有独特个性的文化。从另一个角度看，"群"又包含着、反映着某种国家的特征。网络上的每一个虚拟主体，都会在现实生活中反映出来，而现实中的主体，都带有民族性特性。所以，虚拟空间中的各种"群"，以及各种数字经济活动，都既有地方性，又有民族性。

综上所述，一个国家的数字经济治理既要考虑到世界规则，又要考虑到国家和民族的特点，但是，怎样才能同时考虑到这两个方面，这是一个相对棘手的问题。所以，中国的数字经济协同管理应该遵循普遍的治理规则，也应该有自己的治理逻辑、治理模式和治理方法。

第二节 数字经济治理的主体协同

一、数字经济协同管理的主体分析

在数字经济协同管理中,最重要的一点是对治理主体、主体职责、主体权力进行明确,并以此为基础,积极推动多元主体之间的协作,努力打造出一个多元主体协同共治的局面。在治理层次上,学界通常将协同管理的主体分为两个层次:一是从宏观角度对其进行分类,通常将其分为政府、市场、社会三类主体。二是从微观角度上对其进行分类,即政府、社会团体、基层组织、公民、市场等。

二者最大的不同之处,就是对于"社会"对象的不同理解,但是,关于"微观角度"的分类标准,至今在理论与实践中尚未达成共识。比如,一些学者对"社会组织"做了更多的分类,如社会团体、机构等;另一种观点则提出,"事业单位"本质上应包含"社区、街道、办事处"之类的组织,故"基层组织"不应再成为一个独立的主体。

在这一问题上,由于视角不同,也存在着多种方法的区分。究竟应按宏观层次进行分类,还是按微观层次进行分类,应根据研究内容的要求进行分析。从整体上看,即从宏观角度看,这种划分方式较为简洁,更适宜于从顶层设计角度来进行研究;微观上的划分方法更为细致,更倾向于对具体问题的研究,如网络舆情、网络安全、数字经济具体产业等方面的研究,都更适用于微观层次的划分方法。因为本书尝试以协同管理理论为基础来构建数字经济协同管理的框架,所以有顶层设计的考虑。在这里,之所以用企业来代替市场,主要是因为数字经济的平台经济属性。在本书中,笔者认为,在数字经济时代,产业竞争已经逐渐进入了大规模、大范围的平台策略竞争,所以,数字经济企业尤其是平台经济企业在市场中的作用非常重要,使用企业主体代替市场主体，这与数字经济治理的现实状况和需求相一致。

（一）政府主体分析

政府是提供公共服务和履行公共管理职能的重要主体，它的主要职责是在法定授权下，依法对社会公共事务进行管理，向社会提供公共产品，为社会公众提供服务。尽管随着经济社会的发展，社会形态一直在发生着变化，政府的职能也在相应地进行着调整，但是，政府在基本职能定位方面并没有发生明显的改变，政府需要履行的基本职责依然是组织制定法律法规和公共政策、监督法律和政策的执行、维护市场秩序和打击违法犯罪、维护社会公平正义等。在中国的数字经济协同管理体系中，政府主体具有如下特征：

第一，在数字经济协同管理中，政府起着领导作用，但并不完全负责。在数字经济管理协同模式中，政府不再仅仅是一个发号施令的指挥者或者执行者，而是一个作为协同主体的政府，与其他治理主体之间存在着一种平等、协商、共治的关系。新公共管理理论强调：从广义上来说，政府所拥有的权力已经不再只是一种权利，它更多的是一种责任，政府没有权力发布命令让其他主体仅仅服从，除非它是在执行法律赋予的执法权，或者在自己的法定职责范围内行使行政权力。在本质上，政府的权力演变成了一种为公众提供服务的工具，它的作用主要是回应社会诉求、回答公众疑问和保障公平正义，这是政府在参与社会治理时必须遵守的原则和立场。为此，政府应在法律法规、制度、政策的制定与执行上发挥积极的作用，承担起应有的责任，让公平、正义与善治成为社会治理的价值追求。在数字经济治理协同的进程中，政府除了要扮演更好的角色外，还应承担起积极引导和协调其他主体参与的责任，尤其是数字经济具有高度的知识密集型和技术性，使得其在技术、信息、知识等方面拥有天然的垄断优势，极易形成"一支独大"的局面。与此同时，数字经济也呈现出一种虚拟的特征，在此基础上，上亿的交易主体在此平台上进行着"无形"的交易，若一方不遵守信用或不遵守法律，将给另一方带来巨大的损失。在许多情况下，这种问题的出现、遏制和处理，都是由政府出面，与各利益相关者一起探讨解决的办法，并对其产生的负面影响进行适当处理。可以说，与其他治理主体相比，政府具有更多的约束和强制能力，它还具有其他治理主体和社会成员所没有的司法强制力、跨区域综合协调等手段。因此，在数字经济协同管理过程中，引导和支持其他协同主体参与数字经济治理，提高数字经济治理能力，加强对各类主体的监管，越来越成为政府在数字经济协同管理过程中应承担的责任。

同时，政府也在与信息化的需求相适应，积极转变自己的职能，对自己的工作和服务进行创新，不断推广"电子政府""阳光政府""开放政府"等新的工作模式，使自己的工作效率、服务水平和管理水平都能得到进一步提升。在数字经济背景下，政府正在从信息的"垄断者"逐步过渡到信息的"提供者"、从"管理者"过渡到"服务者"、从多方治理的"决策者"向多方治理的"引导者"转变，这种转型本身也意味着政府不再强调对社会事务的统治和控制，而是通过一定的法制、机制和制度，加强与社会成员的良性互动，扩大社会成员的知情权、参与权和监督权，营造与社会成员一起协同管理社会事务的局面。

第二，在中国的数字经济管理中，政府管理的主体具有广泛性。一般而言，在广义上，政府的主体既有立法机关、行政机关、司法机关，也有社会公共权力的具体实施机关；狭义上的"政府主体"是指那些具有相关监管职能的政府部门或组织。

这里所说的"政府"，是一种广义上的"政府"，它不仅包括党政机关，还包括立法、行政、司法机关及有"政府"背景的社会组织；它不仅包含中央政府，还包含地方、基层政府。这一点，是由中国的政治体制和国情所决定的，在此不做赘述。当然，我们也应该充分认识到中国共产党在促进中国数字经济发展过程中所起到的特别作用。需要说明的是，鉴于政党、政府、立法、司法等机构在国家管理中的作用相对明确，再加上中国特色的政治体制是以中国共产党为核心，党的管理思想和管理要求主要由政府、立法、司法等机构按照各自的职责来执行，所以为了方便分析，笔者将这些机构都归类到政府主体的范围之内。同时，我们应注意到，我国实行"一元化"体制，地方政府是中央政府派出机构，没有独立的政治地位。从经济的角度看，尽管中央政府给了地方政府一些自主发展的权利，但是从根本上说，地方政府是按照中央政府的政策部署来执行的。所以，在这样一种特殊的制度下，将地方政府与中央政府割裂开来也是不妥当的。

（二）企业主体分析

市场是社会分工发展到一定阶段的产物，它既是商品的买卖主体，又是商品和服务的主要渠道，是经济活动中非常重要的参与者之一。通常情况下，市场主体主要包括各类企业、市场投资者、销售者、消费者、劳动者等。企业由于承担了产品生产、服务供给、商品流通、市场交易等职能，因此它毫无疑问地成了最重要的市场主体。许多数字经济企业承担着供给与需求双方之间的撮合交易服务，它们拥有更多的信息和资源，它们的职能也不同于传统企业，这就使得它们要肩负的社会责任和任务也变得更为艰巨。

第一，在数字经济合作管理中，企业起着关键作用。企业是数字经济的主体，是数字经济治理的关键。在传统经济时期，政府对经济事务拥有较强的管理权，企业从成立到运行，从注册资本金到运营资金，再到利润情况，从招聘员工到社会保障等，都必须向政府进行备案或汇报，企业的大部分运行数据都被政府掌握。在这一模型中，政府自然而然地也可以作为市场的主导者，但是，在数字经济时代，因为技术和数据都被企业所掌控，而且技术手段不断进行着更新，所以数据也在不断发生着变化。此外，数字经济还存在着一种天然的技术壁垒，如果没有技术性授权，那么其他主体就很难获得公司的最新数据，即使得到了技术上的许可，也难以对这些宝贵的资料进行分析和取得，除非经过专门的机构。这使得政府的监管面临着技术上的挑战，政府在应对数字经济的时候显得力不从心、无能为力。

第二，在数字经济环境下，企业对协同管理具有重大意义。在当前社会治理多元化的新形势下，企业作为数字经济治理的主体，一方面，其健康成长对于促进经济社会的发展、促进数字经济治理起到了积极的作用。另一方面，企业发展壮大，需要一个安全、稳定的社会环境，企业也应该有一种强烈的责任意识，积极参与到数字经济的治理当中，并一直保持着参与数字经济治理的主动性和责任感，不能互相推诿责任，不能盲目追求利益，而失去了基本的社会道德；应始终坚持服务公民、服务社会。在公司内部，公司应当把促进自己的健康发展作为自己的目的，制订公司的发展计划，对公司的发展进行合理的规划，对公司的发展规模、发展速率进行合理的设置，对各利益相关者的利益进行均衡，并尽力进行内部的协调。在对外方面，企业应当将促进行业健康发展、并从中获益作为自己的目的，加强与行业企业之间的沟通，避免恶性竞争和无序竞争，与政府保持良好的沟通，积极响应公民和网信的诉求，努力做好外部协同。

（三）社会主体分析

社会主体分为两类：一类是产业团体，另一类是公民个体。产业团体包括行业组织，行业组织是一种广义的社会组织，通常被称作"第三部门"，它包括各种社会团体和行业协会，是一种民间性质和非营利性质的社会团体。行业组织的概念也被广泛使用，通常指围绕特定行业，以共同利益为基础的法人单位或其他组织，在自愿的基础上，通过一定的章程对其进行约束，从而进行工作的社会团体。为了强调产业的重要性，为了简化分析，我们将所有的社会团体都以产业团体来代替。行业协会的作用是维护行业的健康发展，为行业内的企业谋福利，但是，与政府机构一样，行业组织并不具备强制执行力，它主要是利用行业自身制定的规则，对各个成员企业进行约束，并为行业企业提供服务。它是一个中介组织，代表行业企业与政府、社会和其他组织进行沟通，还具备非强制性和中立性等特点。因为行业组织具有一定的社会动员能力，它为各个利益相关者提供了一个可以表达意见、进行交流协商、进行共同治理的平台，所以它可以在协调各方利益、化解矛盾冲突、提供专业服务等方面起到很大的作用，也是数字经济中实现协同管理的一个重要主体。与此同时，伴随着互联网的快速发展与普及，中国社会的活力日益增强，公众对数字经济的参与意识与能力也在不断提升。一般而言，媒体还是社会治理中的一支重要力量，它的监督权力不仅可以充当外部治理角色，还可以为不同利益群体之间的互动交流和利益表达提供一个平台，但是，媒体的这一社会治理功能是广泛的，它可以在数字经济治理中起到积极作用，也可以在其他领域的治理中起到相似作用，所以为了简化分析，这里的社会主体不包含媒体。

第一，在数字经济中，行业协会是协同管理的主体；由于行业组织具有非营利性、非政府性、专业性、公益性和相对中立的特点，加之其吸纳了专家学者和领军企业等专业力量，还具备一定的资源整合、力量动员和提供专业服务的能力，成了一种受到各方信任的主体。所以，积极培育数字经济行业组织，为相关行业组织提供生存、发展和参与治理的政策环境，逐步建立起政府与相关行业组织之间相互信赖、优势互补、积极互动、有效协同的合作关系，可以很好地弥补政府在数字经济治理方面能力不足、力量不足的缺陷。共有以下几点要求：一是行业协会能够承担起政府对数字经济的管理责任。行业协会是我国社会自我管理的主要力量，它在一定程度上可以承担一定的政府职能，有助于降低管理费用，提高服务效率。例如，中国互联网协会、中国电子商务协会、中国软件业协会等社会团体，对企业的行为进行规范、对法律法规的宣传、对行业发展的指导、对行业标准的制定、对企业之间纠纷的协调，都起到无可取代的作用。二是行业协会能够与数字经纪公司联合，强化行业自律。一方面，由于数字经济的快速发展，一个产业从建立到成长起来，通常只需要一年到两年时间，而政府对其进行监管和管理，通常都要经过严格的法律程序，因此，其制定的管理意见必然会落后于市场的实际需求。另一方面，数字经济企业的价值衡量标准与传统企业不同，传统企业更注重产品和服务的质量，而数字经济企业通常更注重用户的数量，这就导致了企业会不择手段、不遗余力提高用户的数量，与之相伴的则是恶性竞争，甚至是使用违法的手段。行业协会对行业发展和企业行为的规范起着重要的"软协作"作用。三是行业协会能够与社会公众共同参与,强化数字经济的管理。社会组织和民众(用户)之间的互动,能够听取民众的声音,真实地反映民众的意见,并将其反馈给政府,从而能够有效地补充政府对数字经济的监管缺失,最大限度地满足民众的多元化需求。

第二,全民是数字经济中的一支新兴力量,是数字经济中的重要组成部分。在现代社会中,公共生活的范围在扩大,这就大大地刺激和释放了社会的公共需求,也提高了公民的自主性,进而培养了他们的政治参与意识和社会责任感,从而形成了他们的社会公共精神。数字经济使人们的生产和生活方式发生了巨大变化,越来越多的人以"数字经济商品和服务供应商""数字经济商品和服务消费者""网民"等身份进入社会和经济生活,并对真实的经济和社会造成了巨大的影响。例如,在电子商务时代,每个公民都可能成为卖方、买方和观众;随着网约车的发展,每一位市民都可以成为汽车服务的提供者、用户等。所以,与传统经济时代相比,数字经济时代的一个显著特点是,公民不再只是消费者和单向地向企业维权者;市民既是商品、服务的供应商,也要承担企业责任。因此,在数字经济背景下,公民作为公共物品与服务的提供主体,应当成为政府与企业协同管理的一支重要力量。同时,中国拥有世界上最多的互联网用户群体,这为民众参与数字经济管理提供了坚实的民意基础。

二、多元主体协同管理模式分析

数字经济的特点决定了社会管理体制要从政府主导的权威自上而下单向管理,转变为政府主导、市场自治、社会参与的协同管理模式,实现上下互动、彼此合作、相互协商、共同治理。

一是协同管理在覆盖对象上与传统的协同管理有较大区别。一般而言,管理的主体着重于具有公权力的国家机关、政府机构或经政府授权的其他机构,它们的管理权通常是以法律法规或行政命令形式予以明确。治理的主体比较宽泛，通常包括上面提到的公权力机关，也包括各类企业、社会组织和公民个人。二是协同管理在权力来源上与传统的协同管理有很大区别。公权力机关或政府机构的管理权来源于法定授权，虽然从政治体制和法律文本来看，政府的权力来源于人民所赋予，但是，这种权力的赋予是一种间接的。因此，无论是社会组织还是民众都难以感受到，也不能亲自参与到治理中。协同的治理方式，就是通过企业与公民的直接参与来实现。三是协同管理模式有别于传统的协同管理模式。传统的管理方式表现为单向下达、强制执行和刚性效力，没有太多的妥协、协商和回旋的余地，管理者往往难以被受管理者所接受，管理者的有效性也常被质疑，但是，协同管理的操作更多地表现出了复合性、合作性，是一种偏向于柔性的行为，因此，人们常常更容易对治理的合理性和有效性进行认可。

协同管理对治理提出了更高的要求，由于协同管理的治理主体呈现出多元化、权力配置呈现出分散化的特点，将分散的主体和权力整合好、协调好、发挥好，就必须制定一个有效的权力框架，对各类主体的权力边界和职责任务进行明确。在此基础上，政府要加强主体内部和主体之间的协同，构建并完善协同机制，保证各治理主体在数字经济治理中各司其职、各担其责、协同共治，保证数字经济健康发展。公司要为公司负责，党和政府也要为公司负责，谁也不能推卸责任。

（一）构建多元主体协同管理模式

随着数字经济的不断发展，我们不能把它当成一种新兴事物来容忍，也不能把它管得太严，更不能把它的潜力扼杀。对于适应新形势、新思维、新环境、新认识、新权势关系，我们更要具备前瞻性的能力。我们要以数字经济的新特点为依据，对包括体制机制、法律法规在内的制度体系进行重新设计和优化，对不同治理主体之间的责、权、利关系进行明确，强化治理主体之间的协同作用，构建出多元主体协同管理体系。在数字经济协同管理体系中，政府、企业、行业组织和公民都是治理的主体，所以，我们既要保证政府的公共性、权威性、主导性能够发挥，又要充分发挥企业技术能力强、效率高的作用，还要灵活运用行业组织的公益性、专业性、成本低以及公民个体的回应快、诉求准等特点，充分发挥多元主体的作用优势，努力构建数字经济协同共治的新模式。政府要加强对协同管理体系的战略规划，主导对整体治理架构的设计，进一步明确各方的职责、权利以及相互关系，尽可能地避免治理主体之间的权责交叉和错位。政府要在数字经济协同管理体系中起到重要的引领作用，对相关法律法规进行研究，对相关的发展战略进行组织，对相关的激励性政策措施进行研究，对产业的发展以及与之相关的公司进行依法规范，并对其进行有效的管理，从而为促进数字经济的健康、可持续发展，提供一个良好的法治和政策环境。

在数字经济中，企业已经不再只是一个被规制的对象，它也是一个治理主体。企业要积极利用自己的信息优势和技术优势，主动强化自我约束，帮助其他主体做好行业企业治理工作。行业组织要在规范行业发展、提高行业发展质量、提升行业企业治理水平方面起到很大的作用，通过制定行业标准规范、行业企业行为准则、企业社会责任标准等，营造出一个良好的行业发展氛围和商业伦理环境。公民个人应该提高自己的数字经济素质，培养自己的诚信意识，利用网络社区等平台反映自己的诉求，强化公民自治，并积极参与到数字经济的治理之中。具体来说，在此基础上，建立在政府主导下的数字经济多主体协同管理模式有以下几点要求：

第一，政府要起到引导作用。这主要是指政府应该对数字经济的发展进行规制，并引导其他治理主体参与到治理中。数字经济的发展要以政府的基本职能定位为依据，通过制定与数字经济相关的发展战略、制定并实施法律法规、发布行政指令等方式来参与治理，但是，这种参与并不是可有可无的，也不是可以起到辅助作用的。它是既把握方向又明底线的参与，它的作用不言而喻，它属于主导式、引导式的参与。当然，在这个阶段，政府并不是大包大揽式的参与，在很多情况下，政府并不是直接向公众提供公共产品和服务，而是扮演着监督者和公共服务代理人的角色，对各方进行监督、协调和服务，扮演着主导、引领角色，而不是事事亲力亲为。在数字经济时代，快速更新、高度个性化、高知识含量的数字经济产品与服务已超过政府所能提供的极限，所以，明智的政府应该从生产环节逐步退出，积极调整自己的职能，从"划桨人"变成"掌舵人"，将重点转向为数字经济企业提供服务和为数字经济创造良好的发展环境。

第二，公司应肩负主要责任。在数字经济治理过程中，拥有技术、人力和资源优势的数字经济相关企业，应该遵守法律法规，对企业进行严格管理，持续加强企业自律，在政府战略引领和法律法规规制下，全面承担起数字经济治理的主体责任。在本质上，数字经济治理和传统互联网治理还有些区别。传统互联网的治理对象是互联网企业和网民，它的治理重点也是规范互联网企业和网民的行为。政府可以用硬性法律和道德规范对企业行为和网民的言论进行约束，但是，这方面的主要障碍在于互联网网民的数量非常庞大，并且很多信息是脱敏的，因此很难在第一时间掌握准确的主体信息，在一定程度上还存在着技术解析时间过长等执法问题。

数字经济更多地强调了数据的聚合，而数字经济企业也更多地表现出了平台企业的特征。与传统企业相比，数字经济企业拥有收集、分析数据以及从技术上对平台上的各种个体进行管控的能力。所以，数字经济的治理对数字经济企业提出了更高的要求，对以数字经济企业为中心的治理活动进行强化，从而提升治理的效率和质量。

第三，要有广泛的社会参与。数字经济的治理实践，需要社会力量，如行业组织、公众等。作为数字经济中的一支关键力量，公民在数字经济中可以作为商品与服务的提供方，也可以作为消费者，为了维护个人权益、集中群体智慧、加强社会监督，成为数字经济治理中不可缺少的主体。尤其是在网络信息技术的普及和公民意识的觉醒下，公民自我约束和参与社会治理的作用日益凸显。行业协会等社会组织同样是数字经济治理中的一支重要力量，它们在推动行业自治、搭建企业交流平台、推动政企对话、制定行业发展标准等方面起到了无可替代的作用。

第四,实现各方的优势互补和协同管理。数字经济的各个方面包括了各种各样不同类型的主体,他们将自己的特征和优势都发挥出来,以共同的治理目标、理念和原则为指引,将自己的功能和作用都发挥出来,从而实现一个多元共治的局面。政府是促进数字经济发展、保护公共利益、保护企业、公民个人利益的主要责任主体,它是公共权力的代表,它的战略规划具有指引性特征,它的法规政策和司法判决又具有权威性和强制性特征,因此,政府应该在法律和战略两个层面都起到关键作用。数字经济企业承担了大部分的数字经济治理任务,利用其技术优势,能够迅速、灵活地应对各种现实生活中普遍存在的问题,并能够制定"企业规则",促进公民自治。公民与社会组织等社会力量具有独立性、覆盖面广、灵活性强的特征,特别是在个人权益维护、行业规范发展等不利于有效管理的领域,可充当"第三力量"。总体而言,政府、企业和社会的力量应该在职责明确、分工合理、协同互助的前提下,共同参与到数字经济的治理中来。

(二)发挥政府主体的主导作用

英国政治学家杰索普以"元治理"为基础,对其做了更深一步的改进。他主张"元治理"是治理中的治理,对各种治理主体、治理规则等做出制度安排,对各种治理机制进行协调与调整,以确保各种治理机制间的有效衔接与相对均衡。"元治理"的实质就是在特定的制度下,或者在特定的主体下,建立一种规范的、有效的、运行有序的社会治理形态。在"元治理"中,这一主导任务通常是由政府来承担,它的作用不在于建立一个绝对的、完全的控制的政府,而在于它要进行制度设计、进行前瞻性的规划,确保社会系统在良好的制度环境下运行,推动各个领域的自我组织。

为此,政府的"元治理"职能主要体现在以下几个方面:一是通过制定或引导治理规则,通过倾听各利益主体的声音来制定法律、规范,从而维持社会公正与市场秩序。二是追求对话和合作,即政府应主动与各方保持联系,打通交流通道,通过各种途径进行协作,以达到共同治理的目的。三是对各个利益主体进行协调,同时,政府也应该保持一种中立性的态度,在听取和了解各个利益主体的意见之后,尽可能地进行协调和均衡,以避免由于不同主体和不同阶层之间的利益冲突而造成更大的冲突。

在数字经济的治理过程中,政府应该主动担当起协同管理的元治理角色,主动建立起一个数字经济的协同管理系统,并为其提供一个能够进行协同管理的制度环境与机制。

第一,要强化发展数字经济的战略规划。政府应该加强对数字经济发展的顶层设计和宏观指导,通过制定战略规划和必要的财政、金融、人力资源等政策措施,来培育数字经济产业。产业政策是产业发展的"指南针",产业政策的制定与支撑需要政府的引导。一方面,在数字经济领域中,许多主体常常会面对信息不对称、市场失灵等问题,这就需要政府积极地发挥引领、指导作用,并及时向公众提供政策指导和信息披露。另一方面,由于数字经济的高技术门槛、高投入、高先期试错成本,政府若不给予政策上的指导和支撑,就会压抑社会的创新热情,对数字经济的创新发展不利。例如,人工智能的发展对人类社会有着颠覆性的意义,但是它在特定领域的研发和应用方面却存在着很大的不确定性,而且是一个需要长期高投入的领域,此时更需要政府起到引导的作用。

第二,要加强法律法规建设,促进数字经济的发展。政府应制定完善的法律和规章,加强对环境质量的底线监督。一方面,应根据新的特点和要求,对现行的相关法律进行调整,并对其进行补充、修订和完善。例如,2015年《中华人民共和国食品安全法》修正后,针对网络食品贸易的新特征,增设了相关规定。另一方面,要加快对与数字经济有直接关联的风险控制、知识产权保护、隐私权保护、数据保护等法律法规的制定,对数字经济发展的法律环境进行完善。除此之外,政府还应针对网上订餐、社交平台、电子政务、网约车等数字经济热点领域,对相应的法律、地方性法规或行业发展指南进行制定或修改,确保新业态、新产业、新模式得到保护和发展。同时,政府要加速完善包括认证和标准在内的制度支持体系，为数字经济的规范发展提供良好的制度环境。

第三，要对数字经济的政策制度进行创新。政府要用公共政策的方式，来促进数字经济的发展，降低数字经济企业的税负，从而激发市场的内生动力。具体做法如下：一是通过财政政策，如财政补贴、政府采购、基础设施建设、公共服务等，为数字经济的发展营造一个相对有利的发展环境。二是利用税收政策，对处于萌芽阶段、规模较小、但具有良好发展前景、有利于大众创业万众创新的新型经济形式给予税收支持，并对数字经济的税种进行创新，以方便对数字经济进行纳税和征税。三是加强对相关产业的金融扶持，为数字经济发展提供更多的资金支持。四是通过产业政策的实施，促进产业之间的合作，促进数字经济的产学研合作。五是利用地区政策，重新构建地区间的分工局面，促进地区间的合作。在这一过程中，政府应从制度设计上对数字经济的协调发展起到导向的作用，从而推动数字经济的良性发展。

第四，要对多个管理主体进行协调。政府既要制定并发布相关的政策法规，对数字经济中的企业与公众的自身行为进行规范，又要通过协同、对话、协商等方式，在"软、硬"两条路线上，协调不同治理主体之间的互动，以实现其在数字经济中的共同目标。降低制度性协调的成本，构建政府、企业、社会组织和公民之间的协商对话、信息共享、共同决策和共同行动的机制，要重视政策的解读，积极运用现代信息技术的手段，强化政策的宣讲、解释和收集意见建议的工作，让多元协同共治的参与渠道更加畅通。

（三）加强企业主体的自我规制

在数字经济环境下，市场与政府的双重失灵更加明显，网络协同与合作竞争正在成为继市场机制和政府干预之后，支持经济与社会发展的第三种均衡力量。在数字经济背景下，以企业个体为基础、以联盟为基础的企业主体自律机制的重要性日益凸显。

第一，数字经济中的公司在自律方面有很大优势。首先，数字经济中的公司通常拥有更高的专业技能，使得监管更具针对性和实效性。例如，世界上很多国家都在使用技术过滤、内容分级等方法对网络内容进行管理，这就是"科技对科技"的管理特征。其次，在数字经济背景下，企业拥有海量的数据资源，无法将这些资源拱手让给他人，只能通过自身的监管，对这些资源进行有效的挖掘，以提升其产品或服务的质量，提升其适用性。另外，企业是一家私营机构，在制定监管规则时无须遵守严格的法律程序，因此它具有很大的便利性和灵活性。此外，企业处于市场第一线，对行业竞争的压力最为敏感，所以它也有很强的自律性。另外，随着中国数字经济的快速发展，国家对其监管相对放松，而众多的数字经济企业也从中受益。企业的规制措施还具有一定的实验性质，如果可行，则可以扩大到更大范围，甚至可以上升到国家的法律法规。

第二，在数字经济条件下，公司可以自行制定规章制度。在数字经济中，企业应该承担起自我规制的责任，最大限度地降低自己经营行为的负外部性。为实现这一目标，相关企业应制定具有合法性的、非强制性的自律制度。合法性指的是自我规制不能侵犯法律赋予的公民、服务和产品提供者、消费者等主体的权利。非强制性指的是通过协议机制，可以在公民个体与数字经济企业之间达成共识。与此同时，数字经纪公司也应该构建出一套相对独立的争议解决机制与合法权利救济机制，组建出一支针对服务和产品提供者更加专业的专家指导队伍，这样才能更好地为各类公民主体提供服务。充分发挥企业的自我规制作用，必须要有一定的约束条件，如要有企业自我规制的动力激励、要制定相对合理的规制程序、要畅通外部主体参与的渠道以及要有政府部门的有效监督等。例如，对于企业的自我规制程序和规制效果，无论是政府机构还是其他外部主体，都可以对其进行监督和评估；对于自我规制效果较差、治理程序存在错误并严重损害公共利益的企业，可以提前做出判断，政府可以给予相应的指导、警告，甚至是行政规制或法律制裁，而其他外部主体也可以通过媒体、提醒等方式予以告知。

第三，公司可以以公司平台为载体，制定公司的用户协议，实现公司的自我管理。在数字经济中，企业的主体通常是以一个又一个网络平台的形式出现的，其中有提供信息化基础设施服务的电信企业、提供各种撮合交易的交易平台，以及提供各种信息服务的网络平台等。在实施自主管理的时候，企业通常会与使用者签署某种形式的协议，以保证企业与使用者之间的权利与义务。互联网平台的相关服务协议是以用户和平台公司为主体签署的，是一种双方相互指向、反向指向的民间协议。在这一互动关系中，平台企业作为一个民事主体，它和用户签署的服务协议是一种平等的私主体间的服务合同，但是，这类服务合同相对于其他的服务合同来说，具有一些特殊之处。这主要体现在这类合同是由互联网平台企业单方面制定的，张贴在网站上，并且可以反复使用，用户不能与其进行谈判，更不能对其进行修改。当使用者选择不受限制地接受服务条款时，他们可以主动地参与到网络平台的服务中来；如果使用者不同意其中一条，就不能使用本网站所提供的服务。

在实践中，建立在线平台企业的用户协议，是实现在线平台企业自我管理最简便有效的手段。尽管服务合同的内容没有经过互联网平台公司和用户的协商，用户也只能是被动地接受全部的内容，但是，通过这种机制，互联网平台公司可以事先将平台的服务范围、注意事项以及用户的权利和义务事先通知给用户，这样就可以对该合同的签约用户展开无差别的规范。与此同时，它还可以对自己的行为进行约束，从而实现平台公司的自我治理。用户也能提前知道自身可以享受的服务和应承担的责任，从而依法规范自身在网络平台上的行为。从某种意义上说，数字经济是一个平台经济，是一个将成千上万的服务供应商与最终消费者联系在一起的平台经济，而不是以平台企业为组织方，进行统一签约，这样的多对多匹配模式难以实施有效的治理。除了签署协议之外，平台企业还要对协议的监管和执行负有责任，对违反协议的个体采取没收保证金、关停账号、平台禁入甚至向司法机关报告等方式来进行处理。同时，由于平台公司和用户是共同的利益主体，因此，在某些情况下，平台公司还需要为用户的违法行为付出代价。例如，共享单车企业提供了上百万的单车，也收取了一定的费用。在面对大量单车无序停放的情况时，既不能指望单车租赁人去重新摆放，也不能指望政府等公共机构来组织摆放，而共享单车企业应主动承担起规范单车市场的责任，加大力度做好单车停车秩序的维护。

第四，企业为其他社会组织的参与提供了良好的环境。例如，由企业牵头，与行业协会、市民共同组建一个数字社区，并通过这个组织平台来实现合作自治。从某种程度上说，数字社会与真实社会类似，它是由特定群体在特定的网络空间中所组成的一个社会单元。因特网上的每个社会单元，或者每个网络平台，都有具体的社群成员或社群组织，可以看作一个数字化社群。每个网络平台（数字社区）的成员主要分为两种：一种是平台上注册的用户，另一种是平台内部相关管理人员。在进行自我治理的过程中，社会组织必须对其进行相应的自律规范，其表现形式通常是其章程，是公民社会进行自我治理的"宪法"。团体章程的建立，不但针对愿意表示意愿的人，而且针对不愿意表示自己意愿的人，对其是有约束力的。例如，互联网协会的自律公约、天涯社区的管理规定等，都是经过某种决议程序而形成，并以组织章程的形式表现出来，对未参会表示意愿或未在社区留言的成员也具有约束力。本书中的"数字社区自治"，与本书中的"产业团体"治理不同，并非由多家企业组成的"产业团体"自治；与公司自主又有很大的区别，即公司自己不能控制其他的用户；是由公民联合其他主体，选择具有一定公信力的第三方或平台企业用户，授权他们来管理数字社区，这与社区治理的概念有些相似。例如，新浪微博设立了一个网上法院，允许注册用户自行判断和处理举报信息；另外，新浪成立的人民调停委员会、淘宝成立的网上纠纷解决机制，均属于自治机制，但与企业自治的区别在于，其自治机制、自治章程均由互联网平台企业主导和组织。该机制具有方便、高效、低成本等优点，但其不足之处在于，主办方本身也是互联网平台的经营者，其同时具有"游戏规则"

的制定者、参与者和裁判者等多重身份,难以保证其公平性。

中国历来重视对数字经纪公司的自律义务。要强化网络公司的责任,绝不能让网络变成一个散播谣言的平台。要落实关键信息基础设施防护责任,行业、企业作为关键信息基础设施运营者承担主体防护责任,主管部门履行好监管责任。对此,国家互联网信息办公室也做了几次特别部署。当前,推动以互联网为代表的数字经济企业承担起主体责任,已逐步成为全社会的共识,这也为强化数字经济企业自治,促进协同共治创造了良好的外部环境。

(四)发挥行业组织和公民的共治作用

协同管理的实质是政府不能只作为社会管理的一部分。在这一过程中,行业协会和公民作为重要的社会主体,在数字经济治理中发挥着举足轻重的作用。在以互联网为代表的数字经济迅猛发展的今天,社会公众参与的广度得到了极大的提升,社会公众对社会公共管理的参与日益成为新时代社会治理的重要议题。

行业组织主要是由市场中的企业主体自发或其他主体发起组建的,目的是解决行业规范发展中存在的问题,它有着其他社会组织所不具备的优点。我们应该以共享单车行业、社交平台领域、网上订餐行业等数字经济新业态、新模式为重点,鼓励和支持建立相应的行业组织或行业协会,促进行业有序、规范发展。我们应该始终坚持问题导向,将防范和化解数字经济风险作为底线目标,促进相关行业安全运行保障机制的建立和完善,提高风险鉴别、风险分析和影响评价能力,促进构建数字经济风险防控体系,确保重要基础设施安全、重要数据安全,并防止风险向其他行业扩散。我们还应该将行业组织的协调功能发挥到最大,将成员企业的利益进行协调,帮助成员企业提高沟通能力,如定期或不定期地以某个主题为中心,组织召开成员企业会议或行业发展论坛等,积极将有关先进技术和应用模式向行业企业进行宣传,帮助企业对数字技术进行掌握、吸收和运用,为企业向数字端升级发展提供技术咨询服务，为规范行业发展组织制定行业标准。行业组织要强化与外界的协作，积极掌握行业发展的最新政策和法规，将相关的信息及时地传递给会员企业，并对相关的技术进行宣传，也要积极将本产业的发展状况以及相关的诉求反馈给政府，做好信息共享、治理协同工作。公民以个人或群体的方式参与社会生活，即公民参与。公民参与是公民治理的核心价值，也是社会治理的根本内容。

一方面，政府要对公民展开积极的引导，鼓励公民强化自我约束，注重诚信，培养公民的数字经济素养，提升公民的数字经济知识和技能，从源头上保证数字经济的良性发展。另一方面，政府要积极发挥公众的监督职能，让公民可以参与到数字经济的治理当中，持续提升公民对网络中虚假、有害信息的识别能力，以及对各种违法行为的抵御能力，让公民参与数字经济治理的渠道和途径畅通，共同营造一个安全、稳定、可靠、有序的数字经济发展环境。

三、数字经济治理主体的内部协同

"协同"是协同管理的核心，它不仅包含了异类主体间的协作，也包含了同一类主体内的协作。只有在相同的主体内部做到职责明确，打破恶意竞争，实现内部协同，多个主体之间才会有更好的协同共治。在此基础上，结合中国数字经济的发展和治理现状，对政府、企业和社会三方如何加强其内部协调进行了探讨。

（一）政府主体的内部协同

数字经济作为一种新的经济形式，其治理既是一种经济治理，也是一种国家治理。在数字经济协同管理中，政府是起着领导作用的，政府主体的内部协同，主要包含了中央和地方的协同、地方政府间的协同，以及政府部门间的协同。

1. 政府主体内部协同

在数字经济治理中,充分发挥党建工作的中心地位,不仅是把握数字经济的运作逻辑和特点、构建新型数字经济协同管理模式的需要,也是充分发挥中国特色社会主义制度优势的应然举措。其核心是加强中央对数字经济的集中统一领导,在数字经济的治理中实现党政协同。

第一,充分发挥党的领导力对数字经济进行"总体规划"方面的指导作用。目前,信息革命在全世界范围内传播,各国在推动数字经济、互联网经济发展的过程中,先后探索出了差异化的建设方案和建设路径,然而,中国特色社会主义制度的优越性,给我们自信,建立一个独立的数字经济强国模式,我国特殊的国情以及数字经济发展的现实,决定了我们又不能简单地照搬他国的经验模式。虽然数字经济只是一种经济形式,但是,数字技术和数字经济活动同样涉及政治、文化、社会、生态乃至军事等多个方面,因此,我们必须充分发挥党中央的顶层设计和统筹协调能力,保证在数字经济发展过程中,在国家安全、促进发展、有效治理和共享福祉这四个方面都能达到一个有机平衡。

政府部门要遵循分工和属地原则,在党中央统一领导和中央网络安全及信息化领导委员会的统筹协调下,积极做好数字经济的产业发展、技术发展、安全保障和行业管理工作。立法、司法部门应做好相应的立法工作,并提供司法保障,构建"党委领导、政府主导、部门和地方按职责分工"新的中国数字经济治理党政关系。值得注意的是,在十八大之后,正是因为党中央对数字经济的发展给予了高度重视,并作出了一系列重大决策和举措,数字强国和网络强国建设才能取得如此巨大的成功,也形成了中国特色鲜明的数字经济治理道路、经验和做法。

第二,充分发挥党对数字经济发展的领导作用,加强对数字经济发展的领导。数字经济存在着复杂性、融合性、变动性和创新性的特点,因此,数字经济治理也存在着治理目标的多样性和治理理念的复杂性。在治理的目的上,我们的出发点应该是数字经济的健康发展,而最终的目的是提升国家的治理能力，促进经济的高质量发展。从治理理念看，一方面要体现出社会主体的获得感，让每个企业和个人都可以享受到数字经济发展带来的红利。另一方面，要体现出法治和科学的态度。因而，在数字经济治理中，多元治理主体呈现出积极或消极、推动或阻碍、严格或宽松等多种态度，它们之间既有矛盾，又有排斥，从而影响到数字经济治理的现实成效。可以说，在数字经济的背后，国家突出了发展模式、技术和管理理念的创新。所以，我们一定要充分发挥党中央在数字经济治理中的统一领导作用，要准确把握党中央对数字经济发展和数字经济治理形势的科学判断，重视从纯粹的政府监管转向社会协同管理。各级政府部门要在数字经济治理的整个过程中，贯彻落实党中央的价值取向和管理理念，对数字经济的管理进行准确把握，对管理模式进行创新、优化，对部门之间的责任进行科学划分，建立起协调的管理机制，并以建设数字经济强国作为目标导向，促进数字经济的健康发展。

2. 中央与地方政府的协同

中央政府与地方政府之间的关系是政府内部最重要的一对关系，实现数字经济政府治理协同，最重要的是要对中央与地方政府的职责进行明确定义，对中央与地方之间的关系进行优化，从而让中央与地方之间的协同能够实现。

第一，要处理好中央与地方之间的关系。最好是中央政府具有一定的权力，而地方又愿意服从中央政府的命令。其体现在数字经济治理上，就是中央政府提出数字经济发展的战略规划和政策措施，地方政府要严格执行中央政府所制定的数字经济战略部署，并根据当地实际情况，制定地方性的发展规划和具体实施措施。一方面，确保中央的权威，就要确保中央制定的数字经济发展战略和政策措施的科学性、有效性、可操作性，要有硬性的要求和底线指标。另一方面，在制定数字经济发展战略和政策措施的时候，中央政府也要将地方政府的实际情况充分考虑进去，同时要考虑到各个地区的经济和社会发展水平存在的差异，要让地方能够根据自身实际，有一定的自由裁量权，但是，在遵循中央的整体战略部署基础上，我们可以适当地采取一些措施，而不能采取狭隘的地方保护主义，也不能采取一些歪门邪道的方式来贯彻中央的部署。例如，交通运输部代表中央对网络预约出租汽车经营许可证、网络预约出租汽车运输证、网络预约出租汽车驾驶员证等运营、从业资格进行统一管理，但是，由于各地的经济发展水平存在一定的差异，因此，允许各地制定自己的管理规定，同时，各地也可以根据自己的实际情况，对驾驶人准入和车辆准入等提出差异化要求。

第二，保持各地区的均衡。数字经济是一个资本偏好、知识密集型和产业融合行业，在推动经济转型升级和促进创新创业方面发挥着重要作用。所以，世界各国都非常热衷于发展数字经济。阿里巴巴、腾讯、浪潮、电信、移动及其他一些大公司，都纷纷建立了自己的云计算平台。随着相关行业的快速发展，我国的数字经济呈现出一种混乱、盲目和不协调的局面。例如，最近几年，各大城市都在城市中投入了大量的数据中心、政务云和智能产业园，但是，许多项目都被搁置或者半搁置，原因是没有足够的工业支撑或者基础设施，没有足够的技术支撑，也没有足够的操作经验。同时，许多城市还在投入大量资金进行新的数据中心和政府云端建设，造成了大量的重复建设。在这种大背景下，推动数字经济更好更快的发展，就需要中央政府把握好数字经济重大项目的立项审批关，避免大量重复投资和无效投资；这也要求各地政府积极对基础设施与数据资源进行共享，摒弃"地方保护主义"和"自我保护主义"，让数字经济的流动性、融合性价值真正得到体现。

第三，充分发挥制度对数字经济管理的基础作用。体制的实质是一种由全体会员共同遵循、以达到一定目的的程序与行为规范。制度的特点是正式性、规范性和类强制性。制度包括容易辨别的正式制度，如法律法规、规范规程等；还包括难以辨识的非正式制度，如文化传统。实现中央与地方在数字经济治理中的协同作用，关键在于强化政府在数字经济发展和管理中的体制建设。例如，完善数字资源的资产产权制度，明确个人、企业、政府所有拥有的数字资源资产的边界，并确保产权人的数据资源产权不受侵犯；建立数据资源采集与利用的监管体系，防止企业、个人及其他主体对数据资源进行非法采集与利用；划定网络安全的红线，为国家和企业提供对公民个人资料的存储和使用范围；对数据资源实施有偿利用，激励地方政府和相关企业开放数据资源。在此基础上，企业对数字经济的管理制度进行进一步创新和完善，构建并健全对数字经济新产业、新业态、新模式的发展保护制度，最终实现数字经济与传统经济的均衡发展。建立健全的制度，树立制度的权威，从实质上来说，就是加强中央政府的权威，这会引导地方政府的行为，推动数字经济治理的央地协同。

3. 地方政府间的协同

在中央政府的整体要求和引导下，地方政府可以相互合作、相互协调、协同发展，这样可以降低中央政府的总体协调成本，提高地方数字经济建设和发展的质量，提升数字经济总体治理水平。

第一，促进区域之间的数字经济战略协调发展。数字经济发展要体现在地方的具体行动落实上，要加强地方政府对数字经济发展和数字经济治理的思想认识，让它们对中央政府的整体战略规划和政策部署有更好的了解：地方政府根据中央精神，结合实际，制定各自的数字经济发展战略规划和具体政策措施，重点是促进各地方政府数字经济战略规划的协同化。区域间的数字经济战略协作表现为：一是差异化发展。各地区政府不能一窝蜂地去追逐热点和政策，这样会导致战略规划匆忙出台，政策文件盲目地制定出来，必须根据当地实际情况来实施差异化发展战略。例如，《促进大数据发展行动纲要》提出要大力推进大数据基础设施建设，但是，大数据中心的建设对能源价格要求很高，空气湿度不能太大，常年气温不能太高，而且政府对信息化的接受程度要高、数字经济等新兴产业发展速度要快，所以，并非所有区域都适合大数据中心的建设。亚马逊之所以将自己的大数据中心选址于宁夏中卫，是因为其地理位置、能源、成本优势和政策支持。二是要求的配合。在数字经济基础设施建设上，一般都会有巨大投入，而且数字经济产业之间存在着高度的交叉性。同时，数字经济中的数字资产也具备了自然的流动性，这些因素决定了数字经济的辐射范围通常是一个区域，所以，各地政府需要对周围区域的应用需求以及建设情况进行综合考虑，通过适当方式来促进数字经济的发展。

第二，促进区域之间数字经济政策和规则的协调。由于数字经济具备了"新经济"的特性，所以它也就成了各地政府争相支持的对象。为了促进数字经济的发展，强化数字经济的治理，各地方政府都从自身的利益出发，制定并出台了一系列的政策法规和规章制度。这些政策法规既可以保护自身的发展，又可以对其他地方造成一定的不利影响，所以，加强各地方政府的数字经济政策法规的协调，是促进数字经济健康发展的关键。

4. 政府部门间的协同

政府各部门间的关系，是指政府为了完成一项复杂的任务所采取的一种分工协作方式。如何提高政府各部门间的协作能力，对于促进政府数字经济治理的总体目标的实现，有着十分重要的意义。

第一，对政府部门的数字经济管理结构进行了优化。数字经济的范围十分广泛，它不仅涉及了相关的基础设施建设，还涉及了数字技术的研究与开发，并且涉及了数字技术与各个行业的深度融合，它是一种具有很强的融合性和交叉性的经济形态。所以，在数字经济中，单凭一个部门是无法实现的，必须有多个部门进行合作，但是，这一合作的前提条件是，必须对各个部门的治理责任和工作范围进行界定，并对政府内部的协同管理结构进行优化。对数字经济政府内部协同管理架构进行重塑，关键问题在于要明确思考：应该由哪个机构来主导数字经济治理，哪些任务或事务应该交给什么样的专业机构来主导，进而对职能分工和职能设计进行进一步优化，从而更好地实现对数字经济发展和秩序需求的平衡。

第二，构建数字经济跨部门协同管理的协调机制。以数字经济治理为核心，构建好部门之间的工作协调机制，尤其要构建好与数字经济发展相适应的财务、人事等工作协调机制，让数字经济的发展可以得到及时、有效的支撑。其还要与数字经济技术性强、对规划和监管人员的技术水平有较高要求的特点相结合，积极推进在数字经济领域中对政府聘任制公务员的招聘工作，同时要支持和鼓励社会专业力量参与到数字经济的治理中来。这要求强化政府在数字经济中的执政能力，建立一支与数字经济发展相适应的公务员队伍，利用党校（行政学院）等干部教育培训主阵地，来提升公务员对数字经济与数字技术的掌握和应用能力，保证在政府中拥有与之相匹配的专业技术力量。数字经济具有很强的创新性，它是对传统产业的一次升级，甚至是一次颠覆。在最初的发展阶段，数字经济经常会被大家所排斥和不理解。所以，要加大财政补贴力度，尤其是对终端用户给予补贴，让更多的人参与到数字经济中来，并提出相应的意见和建议。除此之外，我们还要提高政府部门之间的协作力度，加强它们之间的协调与合作，并构建出统一标准、及时互动的协调监管平台以及协同监管机制，避免多头管理、多头执法或监管盲区。

（二）企业主体的内部协同

在数字经济治理中实现企业协同，就要在数字经济企业之间和在数字经济企业与非数字经济企业之间进行协调，以保证全行业企业的利益最大化。

1.在数字经济背景下，如何实现企业间的协作

第一，行业内要抱团取暖，共同发展，共同规避风险。与数字经济有关的产业由于具有高知识产权和高科技含量，往往在市场上的估值也会比较高，它是一种资本偏向型的行业，因此许多投资者都会争相进入这个领域。按照梅特卡夫定律，网站的价值是按照用户数的平方来计算的。在初期，为了能够吸引到更多投资人的注意，提升公司的投资估值，通常情况下，公司会不择手段地去抢夺市场份额，并做大用户数量，甚至会对此开展大范围的价格战、补贴战，这给行业带来的直接结果就是无序竞争、恶意竞争。最终，许多公司都无法逃脱倒闭的厄运。再加上数字经济的发展和变化非常迅速，许多企业主体没有现成可以学习和借鉴的经验，所以常常是冲劲十足而后劲不

足。在此背景下，数字经济中的企业应该积极构建产业间的协作机制，并在经营层次上强化协同。例如，阿里巴巴联合多家机构建立了"中国企业反欺诈联盟""中国电商信用社区""电子商务反欺诈联盟"等产业协作机制，使企业间相互监督、相互借鉴，有效地降低了"失信"的风险。

"爱心筹""水滴筹""轻松筹"等公益众筹平台2018年共同发布了《个人大病求助互联网服务平台自律倡议书》，从服务规范、风险管理、社会监督等方面，共同携手、共同提高募捐者的身份认证与信息核查能力。与此同时，在数字经济中，公司之间要进行战略上的互补，尽可能地寻求多个领域的合作，以防止同类型公司之间的激烈竞争。

第二，要建立一个跨行业的协作机制，实现产业的融合、数据的共享、服务的升级。数字经济属于一种融合性经济，从垂直角度看，互联网等新技术与传统行业进行了充分融合，从而形成了线上线下共同发展的局面。从水平上看，各个产业间的相关程度不断提高，形成了一个互相影响、互相促进的局面；从更深层次上看，数字经济在人工智能和智能制造等技术层面，持续取得突破性进展。目前，点状发展的数字经济格局已初步成型，并呈现出产业链一体化的趋势。我们应当认识到，在数字经济中，最宝贵的资源就是数据，如何更好利用这些数据，是促进数字经济发展的关键环节。所以，促进数字经济企业跨行业融合、上下游融合，应以数字技术和数据信息为基础，构建全产业链协同发展机制，共同将数字经济产业做大。例如，从交通出行方面来看，当前，虽然有网约车企业可以解决长距离出行，有共享单车企业可以解决短距离出行，但是，如何有效解决长距离出行的"最后一公里"，始终是出行者面临的一个难题。尽管"滴滴"等网约车平台已将"ofo"等共享单车选车服务纳入其中，但两家公司之间的身份验证信息无法共享，导致用户需要通过"滴滴"进行二次验证，从而导致网约车平台上共享单车的使用率和使用次数大幅下降，用户在实际出行时仍需通过两家平台预约、选车。

2. 数字型企业和传统型企业之间的合作

第一，实现数字经济时代公司的数字化，必须实现传统公司的数字化。数字经济的发展对传统经济产生了"挤出效应"，具体表现为：一是随着数字化技术的迅速发展，智能制造、大数据分析和信息传输等向机器化、智能化和网络化方向发展，处于数字经济时代的公司对工人的需求量大大减少，工人需求量的减少直接导致了工人的雇用成本下降。从长远来看，这将会使公司的整体经营成本下降，相对于传统劳动力密集型公司，数字经济中的成本优势更为显著。二是由于数字经济中的供求信息可以进行即时交流，与传统经济中的企业相比，它们的信息更加透明、更加对称，从而能够更好地满足市场的需求，更好地适应市场的变化。在与数字经济企业的竞争中，传统经济企业经常会出现市场份额迅速萎缩的情况。这种情况也直接导致了新旧两种经济行业中的企业发生了正面冲突，这给行业发展和社会稳定带来了巨大的不稳定因素。

第二，实现数字经济与传统经济的相互促进、共同发展、共同进步。在"挤出效应"和"鲶鱼效应"并存情况下，数字经济发展对传统经济的发展产生了巨大影响。一方面，在当前数字经济企业的整体竞争形势下，许多传统经济企业要有一种时代的危机感，要积极跟上数字经济和数字技术的潮流，要学习数字经济企业的好经验、好做法、好模式，把重点放在促进企业转型和业务数字化上，持续提高自身的产品和服务质量。另一方面，因为传统经济拥有多年的行业发展经验，所以与数字经济企业相比，它在各方面的制度建设和管理经验更加成熟和规范。当数字经济企业从起步阶段向成熟阶段发展时，它也要借鉴传统经济体中的良好实践经验。事实上，大多数的数字经纪公司都已经走到了中后期，并走上了正轨。

3. 在数字经济背景下，实现企业间的协作

第一，从技术上对企业的内部管理进行优化。运用先进的技术手段，可以极大降低企业的内部交易成本，对数字经济企业而言，因为它们本身就拥有着技术基因，所以在运用先进的技术手段上，它们是最容易做到的。例如，

数字经济是一个千变万化的行业，这就需要企业管理人员、运营人员、技术人员等随时沟通新情况、做出新变化。因此，有效、便利的沟通工具和沟通机制非常重要。同时，借助阿里巴巴"钉钉"、腾讯"企业微信"这样的科技手段，也能在一定程度上提升公司的管理与交流能力。

第二，从管理角度改善企业的内部协同管理。对数字经济企业的内部管理进行强化，就是要在现有的管理机制基础上更深层次地理顺数字经济企业的体制机制，在对公司效益和企业责任进行平衡的前提下，优化公司的管理流程，创新管理手段，从而提升管理的效率和水平，降低企业的内部交易成本，实现企业内部治理的协同作用。以阿里巴巴为例，为有效避免企业内部人员利用信息优势做出违规行为，加强对合作方的监管，阿里巴巴成立了反腐倡廉部门与"对内"协作机制，着重对"老鼠仓""内幕交易"等舞弊现象以及合作方的违规行为进行深入研究，并在落实企业社会责任、强化企业内部治理上做出了积极的尝试。凭借一套完善的内部控制制度，阿里巴巴每天都有数十亿元的交易量，几乎没有出现过严重的违规行为。

同时，也要建立有效的内部激励体系。从一定程度上说，我们可以将数字经济企业的运营平台看成一个个单独的社区，但这些社区的存在形式是虚拟的、数字化的，数字社区的作用与传统社区相同，都是为公众提供公共服务或产品。因此，数字社区的声誉和秩序需要所有人一起来维护，数字社区的治理也存在着"困境"。比如，在一个电子商务社区中，某一商家在销售假冒伪劣商品，如果不能及时、严厉地打击，那么其他商家为了自身的利益也会跟风，长此以往，必然会影响到社区的信用，进而影响到整个平台上所有商家的利益。如果有与之相对应的内部举报机制或奖励机制，如对信誉良好、主动维护平台秩序的商家给予一定的奖励，或者在搜索推荐排序上赋予其优先地位，那么平台上的商家也会自觉遵守平台的规则，使平台上的所有商家都可以从平台声誉中获得客流和实际利益。通常，在一个社会中，都会有愿意行善和为社会服务的人，因此，作为一个社区的管理者，就应该制定相关制度,给这些人以适当奖励,去影响和感染社会中的其他人。同时,数字经济企业也要构建出与之相适应的制度,对在平台上遵纪守法、积极向上的组织和个人给予激励,从而实现平台的自我治理和自我完善。

第三,要做好风险反应的心理准备。对数字经济企业在发展和运营过程中所面临的各种不确定因素进行充分的评估,并做好相应的风险防范和应对计划,这是降低数字经济企业内部交易成本的重要举措。在数字经济企业的经营过程中,我们经常会遇到一些不确定因素,这些因素包括了来自政府方面的政策变化,也有来自市场的突发事件,还有一些国际环境变化等输入性因素,这些因素经常会打乱或者终止企业的正常运营与发展,会导致不必要的支出。所以,为了最大限度地将这一领域的损失降到最低,数字经济企业必须具备某种风险预判和舆情应对机制,以及风险应对方案。

(三)社会主体参与协同管理

以互联网为媒介,数字经济为大量需求方提供了直接对话、直接交易、直接联通的平台,并为各类行业机构和数十亿民众提供了自然通道,使其成为数字经济治理的主体,然而,相较于政府与企业、社会组织与公民等社会主体,因信息不对称、参与渠道有限等因素影响,在数字经济的协同管理中体现出了较低的地位。协同管理的实质是政府在发挥主导作用的同时,也需要社会团体和社会公众广泛、深入的参与。

(1)公民主体的参与。它起源于古希腊雅典的直接民主模式,在近代主要表现为哈贝马斯的"公共领域"、黑格尔的"公民社会观"。公民主动参与是实现数字经济协同管理的关键。应当说,从整体上讲,没有公民的参与,就谈不上协同管理。

(2)加入行业团体。政府与社会的关系是一种十分重要的政治关系,这种关系对市民社会的形成和发展起着决定性的作用。数字经济已经深入社会生活的各个领域,对人民群众的利益产生了巨大的影响,要想把数字经济治理提升到一个更高层次,就需要培养并依托行业组织。

第三节 数字经济治理的机制协同

一、数字经济协同管理机制分析

(一)协同管理机制分析

更清楚地认识与界定数字经济治理协同机制的基本内涵和要素,就必须理解与界定"机制""协同管理机制"等有关概念。"机制"一词来自希腊文,原意为机械的结构与作用原理,即机械是由若干零件组成的一个完整的装置,每一个零件都根据各自的原理、规律与因果关系而运作。从这个定义来看,机制指的是整个机器在运转过程中,各个零件之间互为因果的关系和运转方式,它是事物各要素之间的一种交互、协调和互动关系。此后,力学中机制的含义及其相关解释被应用于其他理论与应用领域。从管理学层面看,机制是指各种管理因素在促进事物发展过程中所产生的一种内部相互作用与关联的机制。

协同管理机制是对协同管理机制内涵的具体运用。虽然协同管理理论已经逐渐受到理论界的关注,相关研究也越来越多,但是,学术界对于协同管理机制的研究还处于起步阶段,许多探讨还处于经验与实践阶段,鲜有人站在理论的高度对其进行深入研究。其主要原因有:一是从整体上来看,协同管理理论和协同管理模式都属于治理理论中一种较新的治理理论和治理模式,它们在我国的发展历程还很短,还处于发展初期,所以其研究基础还比较薄弱。因此,协同管理机制在我国公共事务治理中的作用还没有完全发挥出来,效果还不明显,以此为基础的理论研究也就显得比较欠缺。二是政府、市场、社会等国家的发展状况差异较大,难以形成协调一致的政府、市场、社会等多个层面的治理机制。

协同管理是一种新型的治理模式，它不仅涉及协同管理的目标、协同管理的主体、协同管理的客体等，还涉及协同管理的机制。协作治理实践是一个包括各个治理阶段连续的过程，而实现高效的协作治理，就必须建立起高效的协作与交流机制。因此，无论在理论上还是在实践中，企业间的合作关系都是一个非常重要的问题。一般而言，协同管理也是一种随时随事的演进，在演进的进程中，不同的治理主体必须不断地进行正式或非正式的沟通、交流、互动与合作。为让多主体间的交流与合作更为顺畅，发挥出更大的协同效应，理论界要求研究者对协同管理的运行机制进行研究，并试图揭开公共管理实践中的"黑箱"，从而深刻认识到影响协同管理机制的关键性变量及与之关联的要素。因此，加强政府间协同管理的机制研究，不仅可以为政府间协同管理的有效运行提供实践依据，而且可以从理论上对政府间协同管理的理论进行补充和完善。

协同管理主体主要指运用一定的协同管理机制，对其进行沟通和协调，以保证各个治理主体可以最大限度地发挥自己的职能，从而保证更好的治理效果。尽管已有学者对其进行了一定研究，并对其进行了归纳和总结，但仍未形成比较统一的观点。国外的一些学者，主要是以特殊案例为对象，并以其为依据，构建出一个理论框架，然后运用这个理论框架，对具体的案例进行回溯分析。当前，爱莫森等学者在其著作中，对现有的协同管理理论进行了较为系统的梳理与归纳，并据此构建了一个统一的协同管理模式，还对该模式中的关键因素进行了界定，对其进行了详细的分析与讨论。在此基础上，本书提出了一种基于"合作动机"与"合作行为"的协同管理机制，并提出了一种基于合作动机与合作行为的协同管理机制。在这些因素中，合作动态性对协同管理机制起着决定作用。合作动态性是参与方参与协同管理的动力源泉，包含三个因素：实质参与、分享动因和共同行动能力。也就是说，我们要在上述三个层面建立有效的协同管理机制。

（二）数字经济协同管理机制的要素分析

根据对数字经济、协同管理机制等内涵的分析，我们可以看出，在我国语境中，数字经济协同机制指的是在政府、企业、行业组织、公众等多元主体的共同参与下，为促进数字经济的健康有序发展，各个要素之间所构成的互为关联、互为因果的联结方式和协同合作的运行方式。从本质上讲，数字经济治理的协同机理不再是单纯的静态理论，而是可以呈现出一种普遍性的动态推进过程。在此基础上，结合爱莫森等学者关于协同管理的理论和方法，文章对协同管理的基本内容进行了深入的分析。

（1）实质性的介入

协同管理的终极目标，就是要让政府、企业、行业组织、公民等多个主体，以共同的认知、共同的价值观念或存在的矛盾为基础，通过合理的、充分的、制度化的交流和沟通，彼此倾听、相互妥协，均衡不同的意见和利益，最终将问题和矛盾化解，从而实现对公共事务进行治理的目的。实质性参与要坚持"地位平等""民主对话""有效沟通""立场包容"和"充分表达"的原则，为强化共享动机、提高共同的行动能力创造条件，已经成为数字经济治理的关键。

（2）共享动机

共享是高效协作的必要条件。共享动机往往与多个个体间的交互作用密切相关，并呈现出一种或强或弱的动态性。多元主体共享动机是影响协同管理成功与否的关键因素。

（3）共同行动能力

协同管理能够实现个体独立行动难以实现的治理效应。实现高效协同，不仅需要多方主体的实质性参与、共享动机，还需要保证多方主体具备"共同行动能力"。共同行动能力是由多个因素组合而成的，它主要包含了以下几个因素：领导力、知识和资源、程序和制度安排等。其中，领导力涉及了主体的能力和组织结构，知识和资源在共享动机上存在着一定的重叠，而程序和制度安排是保证共同行动能力的关键因素。如果没有制度和程序的保证，多个主体之间就不可能就能否协同、如何协同、纠纷化解等问题达成共同的治理。因而，"制度与程序的协同性"成为数字经济协同性治理机制的核心问题。

二、中国数字经济协同管理机制建设

协同管理机制的构建是协同管理取得实效的重要保证。本课题拟从共同行动保障、共享动机保障、实质参与保障、高效协同保障等四个层面，探索中国数字经济协同管理机制的构建。

（一）共同行动保障：数字经济法律和规则体系协同机制

1. 构建数字经济的法治环境

强化数字经济的程序与制度，保证多元主体的共同行动能力，首先要对数字经济的法治环境进行完善，即用法治建设的方式，来维持公平的市场竞争秩序，维护各类主体的合法权益，对各种数字经济的违法和侵权行为进行严厉打击。这不仅是实现数字经济协同与共治的先决条件，而且是实现数字经济协同与共治的关键。

2. 构建与之相适应的数字经济法治制度

健全的法制体系是实现协同管理的必要保证，因此，必须建立一套行之有效的法制体系，以推动数字经济协同管理的发展，但是，仅仅依靠数字经济的法律保障是远远不够的，必须加强多个主体之间的法律与规则的协调。多元主体的法律协作，其关键在于明确多元主体的关系，完善相关的法律法规，营造一个有序的法律竞争环境。这既要有体制环境的维持，也要有国家公权的强制保证。

3. 构建与之相适应的数字经济监管体制

第一，对数字经济协作的监管进行界定。因为数字经济的快速发展，呈现出了新经济的特点，所以，法律监管常常难以与之匹配，因此，在各个地区对于数字经纪公司的违法行为处理中，也出现了一些不规范、随机化等问题。这就需要在法律上对"三包"的认定标准、规范等问题做出明确规定，并为"三包"的实施提供一个统一的依据。标准的协同还包含技术层面的协同，特别是在大数据的应用中，标准化的统计口径、接口、计算方法，对数据的高效使用以及各主体的有效协作起到了非常关键的作用，同时能够有效地降低由于各企业数据标准不对称所造成的监管障碍。为解决上述问题，我们应从政府和行业机构两个层面进行统一和协调，并建立统一的技术标准和规范。标准协作性的具体表现为：在法规中引用标准，为法规的执行提供支持，按照法规的要求构建标准系统。

第二，建立合作经营的法规制度。数字经济是一种自组织经济，要想维持其秩序，就必须建立一个健全的制度。协同企业规则和法律体系，重点指的是将数字经济企业的规则与相关法律法规进行有效的链接和协同。同时，利用自身所积累的各种海量交易和行为数据，数字经济企业可以为用户提供相对准确的数据支撑，从而对相关事件进行比较清晰的预测或者判断，并持续地对自身的运行机制和运行制度进行改善，降低人为的干预和事后的解释。企业也可以在每一次交易行为发生之前，将规则的具体内容和合规方案传递给规制对象，在一定程度上实现规范适用的自动化，从而避免解释和适用不确定性给规范落地带来的困难。在对法律进行修订和完善的时候，我们要注意对数字经济企业的规则进行吸收和借鉴，将一些企业规则中的有效经验融入法律层面，并进行推广。

第三，建立以各社会团体为对象的合作管理制度。在数字经济中，由于涉及多个主体，因此，我们必须构建一种激励机制，以促进公民的参与，也必须构建一种约束机制，以防止其滥用。另外，我们还应建立规范制度的长效监管机制。以对数字经济中的风险进行控制为目的，我们要以关键业务环节管控、业务流程整合、工作标准统一、管理建议书等形式，构建一套常态化规则监督工作机制。此外，我们还应制定共同的数字经济管理办法。越是规模大、越是复杂、越是持久的协作网络，对合作协议和监管机制的要求就越高。

（二）共享动机保障：多元主体信息公开与信息共享机制

信息共享是多主体协作治理的内在机制，是有效防范、发现与解决问题的关键,是实现协作治理的先决条件与推进协作治理的主要动力。信息共享的主要目标是打破各主体所拥有信息资源的孤立状态,把促进数字经济的创新发展和市场、社会的需求作为一个方向,从而达到高效、最大化地共享信息资源的目的。威廉姆森指出,信息共享可以有效地缓解人们的有限理性,限制人们的机会主义行为,并且随着信息的增加,人们做出的决定也会更加合理,从而更有利于实现合作。

1. 信用信息建设与共享

第一,突破政府部门的信用信息壁垒。我国司法机关、银行系统、市场监管部门、税务机关、公安机关、文化旅游机关等部门均拥有自己的信用信息,但是,因为系统间的异构以及部门间的限制,使得信用信息的共享面临着很大的困难。目前,由国家层面主导的"全国信用信息共享平台"已经在国家电子政务网上完成并运行,这为促进各部门之间的信用信息共享提供了条件,但是,这种信息共享仅限于政府部门之间,其他的市场和社会主体不能进入这个网络,也不能获得相关的信用信息,只能到各部门去寻找和获得相关的信用信息。所以,政府要将重点放在构建一个全国范围内的统一信用信息平台上,不仅是单纯地共享信用信息,而是要对各个部门的信用信息展开专业化和标准化的处理。针对不同规模、行业的企业,采用不同的标准,这样不仅可以保证信用信息的完整性、针对性,还可以提供查询使用的便捷性。同时政府要加快信用信息的分门别类步伐,明确哪些可以在政府监管部门之间共享,哪些可以向市场和社会开放。

第二,推进数字经济领域企业的信用信息交流。目前,以通信运营商、电子商务、互联网金融、网约车、在线社交平台等为代表的数字经纪公司所拥有的交易及个人信用信息日益增多,已经逐步构成了信用体系的重要组成部分。例如,许多电子商务平台和移动支付企业会根据个体的消费情况和信用记录,授予每个个体不同的授信额,个体可以先购物、后支付。又如,阿里的"芝麻信用"已经开放了"信用签证"功能,当用户的积分达到一定程度后，就可以不需要提交任何证件来申请"信用签证"，这在某种程度上也让"公民"的出境变得更加容易。为此，政府部门与数字经济企业应加强协作，并鼓励企业将部分信用信息向政府、行业协会甚至社会进行公开和共享，从而共同推进数字经济的治理。

2.实现信息资源的共享和公开

第一，建立信息资源的共享机制。在数字经济中，数据与信息是最为关键的要素，大数据管制则是未来政府管制的主要手段。面对当前数据的孤岛现象，政府应在法律上明确数据的属性、所有权和用户隐私的保护，并在不同主体之间建立数据资源的共享关系、建立数据共享的机制和通道。在政府层次上，它要带头开展数据公开工作，并在法律上对公开的类型和程度进行界定，同时，从行政管理、数据质量和技术管理等方面出发，制定出一套规范的数据传输过程。

第二，加强政府之间的信息资源共享。政府拥有庞大的基础数据资源、公共信息以及所有企业和个人的信用数据信息，从某种意义上说，政府拥有的是全社会的全量数据资源，而企业拥有的仅仅是与自己相关的一小部分数据资源。所以，政府拥有的数据资源对于促进数字经济的发展和协同管理来说是必不可少的。推进政务数据资源的开放，必须从实现政务数据的共享开始。共享指的是以互联网为基础，通过网络平台，促进各个部门之间已有相关数据信息的交流与共享，从而实现政府监管与服务信息的互联互通和共享。政府信息资源的共享，不仅可以缓解各部门间的信息交流障碍，也可以成为产业发展新的增长点。目前，在党中央、国务院的推动下，政务信息资源共享有了较大发展，以国家电子政务外网为基础的全国政务信息资源共享交换平台已经基本完成，已经具备了推动政府信息资源共享的技术条件，但是，最大的问题是，各个部门之间的信息共享存在着质量不高的问题。一是资料更新速度慢，需要由需求部门反复申请、反复催促才能获得资料。二是信息共享不够充分，由于各部门为了自身利益，只能向用户提供部分领域的信息，使得用户不能获得完整的信息，必须重新申请。三是数据的可读性较差，各部门一般不让用户直接阅读数据库中的资料，仅能得到经过处理的资料，用户即便得到了资料，也要经过一系列技术处理才能获得。所以，政府要着重于政府数据共享平台建设、共享标准建设和共享机制建设，在建立一个统一的数据共享平台基础上，对数据共享的质量、频次和更新要求等进行进一步规范，以保证数据的有效使用。

第三，加大政务信息资源的开放力度。政府公开数据的最大价值在于对经济的推动作用，尤其是在数字经济中。政府数据开放有三种类型：一是能够对社会进行无差别开放的数据，包含了国家方针和政策、经济发展情况等。二是非公开的数据，包括个人的健康状况和档案资料。三是对企业具有一定的开放性，如基础设施布局等。此时，政府可以通过向企业提供相关信息，使其能够在一定程度上实现新的应用，从而提升政府的管理能力。在开放数据进程中，政府应根据不同的目标，界定数据的开放范围。同时，政府应积极利用网络数据公开平台，将数据公开给社会，提高市场与社会对数据资源使用的便捷性，加强信息公开工作，提高信息公开工作的质量。政务数据开放是指政府通过信息技术平台，主动为公众提供无须特殊授权、可被机器阅读、可再利用的原始数据。所以，政府不仅要公开这些资料，而且要保证这些资料是可以直接供企业阅读和使用的。

第四，推动企业信息资源的开放性。数字经济企业的运营中，也会创造出大量的数据资源。此外，许多企业往往拥有一定的行业垄断地位，或者是行业龙头，它们的数据资源就成了重要的行业数据资源。从某种意义上来说，由于大型数字经济企业是众多市场、社会主体的重要撮合交易方，因此，它们所拥有的相关数据资源要比政府拥有的更加全面，也更加具有权威性。具体而言，一是推进企业数据资源与政府部门的共享。在数字经济环境下，作为行业监管的主体，企业拥有关键的交易、运营数据，如果没有企业的合作，政府很难获得这些数据，并对其实施有效的监管。政府要推动企业将运营数据、监管数据等与维护市场秩序有关的数据主动和政府监管部门共享，确保政府可以对企业的运营情况和潜在的运营风险进行实时了解。二是要在适当基础上，对企业数据进行市场化、社会化，并鼓励其他企业利用已公开的数据，开展其他增值业务。

（三）实质参与保障：多元主体协调与利益平衡机制

1.基于不同治理目标的领导协同机制

如何构建高效的领导协同机制，是实现多主体在数字经济协同管理中有效协作的关键。在这里，领导协同机制与通常所说的平等协同机制有很大的区别。由于数字经济所涉及的领域较广，治理对象也比较复杂，不同的治理主体在面对不同的治理对象时，所发挥的作用也不尽相同，因此我们很难做到各个协同主体的绝对平等。所以，在具体的数字经济领域中，政府不仅要对各个协同主体的职责、具体的协同形式、协同运行的规则等进行明确，而且要有重点地发挥不同主体的牵引作用。

第一，建立"自下而上，以企业为牵引"的领导协同机制，以适应现代信息化的发展。在数字经济的高速发展中，信息技术起着举足轻重的作用。企业作为市场主体，是经济体系中的基本单位，因此，推动数字经济高质量发展，关键在于企业。在数字经济环境中，技术创新已经成为一个企业生存与发展的根本。从现实情况来看，企业因为自身生存发展需要、靠近市场了解市场、激励机制比较灵活等原因，是实际上的信息技术研发和应用主体。为此，在数字经济环境下，政府应采用"以企业为主体"的协同管理方式。企业的研发方向、技术路线以及应用场景都掌握在自己手中，因此，政府要鼓励企业牵头，建立各种技术研发实验室，针对前沿技术开展联合研发。政府主要通过资金、政策和人才引进等方式提供支持，并且要做好对知识产权的保护，以维护市场的公平竞争。社会团体应致力于促进建立企业联盟，并制定相应的标准、规章，为企业的共同研究做好协调服务。社会公民要及时地对新技术的应用情况进行反馈，从而促使企业持续提高自己的研发实力和产品质量。

第二，建立以政府为主导的、由上而下的、对数字经济的基础设施与资源进行管理的领导和协同机制。数字经济基础设施和基础资源具体包括了重要的网络设施、数据资源、云服务平台等，它们是数字经济赖以发展的重要支撑要素。数字经济的基本结构与基本资源具有两大特点：一是非排他性，即在一定意义上，基础设施、基础资源是一种公用资源，一个公司对其进行利用，不会对其他公司产生任何影响；二是非中立性，数字经济是从信息技术发展而来，但在实际运作过程中，信息技术却表现出某种程度的非中立性。所以，政府要在数字经济基础设施和基础资源的协同管理中，起到一个牵引的作用，即在维持正常的市场竞争秩序同时，要加强法律法规和规章制度的建设，让各种设施、资源和数据尽可能地向社会开放，并从法律上强化对关键信息基础设施的保护；要加强战略性计划的制定与引导，统筹推进重大基础设施与基础资源的建设和分配。企业主体应尽可能地遵循技术中立的原则，尽可能地将自己的数据资源向社会开放，并在此基础上做好个人的隐私保护与数据安全。社会团体应加强与社会各方面的沟通，推动公共基础设施和公共资源的标准化、规范化建设。

　　第三，以平台经济为代表，建立以中心辐射为核心、以政府为主导、以企业为主导的领导协同机制。平台经济作为数字经济的一种新表现形式，在理论与实践上都有很大发展。平台经济也是一个"人人是卖家、人人是买家、人人是媒体"的新时代，它的准入门槛比较低，各种主体素质也是参差不齐，消费者权益被侵犯的事件时有发生。除此之外，在电子商务、网约车、移动支付等方面，与数字经济有关的公司都呈现出了自然的垄断性。由于平台越大，它所提供的信息就越多，所带来的经济效益也就越高。因此，这种垄断是它所固有的特点，虽然社会各界都对这种垄断感到担忧，但是从整体上来说，消费者还是乐于看到这种垄断的。

　　2. 建立一种多方利益制衡机制

　　数字经济协同管理的终极目标是提高社会公共利益，推动数字经济的健康发展，然而，数字经济治理主体的多元性，导致了数字经济治理主体的利益具有多样性。当不同的社会治理主体在追求自身利益最大化的时候，必然会与社会整体利益或其他治理主体的利益发生冲突。所以，在数字经济中，协作治理的最终目标就是要通过协作的形式来实现各自的利益，这就要求构建一种能够保证全局利益与局部利益协调一致的机制，从而保证总体治理目标的实现。其中，利益均衡机制包含着两种内容：一种是群体利益与个体利益的均衡，另一种是各主体之间的利益平衡。利益均衡的理想状态，就是各治理主体在保证总体利益的前提下，既要确保整体利益，又要保证自身的利益，但是，在实际生活中，整体利益与个体利益经常会发生一定程度的冲突，并且很难同时得到满足。因此，各个协同主体也会表现为更多地关注自己的利益，而忽略了社会和行业的整体利益。此时，社会就有可能会出现打着协同合作的旗号谋私利的现象。它在数字经济这方面表现得尤其显著，尤其是当前，我们对数字经济总体上采取了包容审慎的监管原则。因此政策尺度相对宽松，数字经济发展速度较快，企业主体在其中获益更大，然而，因为信息不对称和技术壁垒高，数字经济各协同主体在管理治理能力方面存在较大差异。这主要体现在，由于拥有更多的数据，以及更好的技术手段，企业主体在管理治理方面的优势更加显著，而政府的监管和治理往往相对落后，甚至还表现为手段不足。与此同时，在数字经济快速发展的背景下，企业主体在短期内有一种不择手段快速赚钱套现的冲动。在此基础上，本书提出了"以人为本与以社会为本"新的治理模式。

做到这一点，必须兼顾各方利益，并在各方的共同努力下，才能达到利益的均衡，一是谨慎接纳，不放任自流，要采取一些硬性措施，如出台一些相关的政策、措施，来强化对企业的监管。二是大力推进数字经济行业组织，发挥其专业、组织、协调等特点，使其更好地发挥其对各方利益的调节作用。三是企业主体必须在获取利润的同时，担负起社会责任，尤其是各种类型的平台公司，它们的迅速发展，不仅需要政府的宽容，更需要市场主体的信赖和市场主体的监督，不仅仅是一个向市场主体收取"过路费""流量费""驻场费"的中间机构，更需要对市场主体的违法违规行为进行规范，并对其所造成的不良后果承担相应的治理责任。与此同时，因为不同的治理主体在权力大小、自身能力和资源占有等方面都存在着一定差别，所以政府有些部门就会出现某些治理主体权力相对更大、优势地位相对凸显等现象。强势主体有可能会利用自身的优势去压制其他主体，甚至为了实现自身利益需求而牺牲其他主体的利益诉求。所以，政府要通过一定的制度安排，赋予各个协同主体相互监督、相互制约的权力，在促进合作的过程中，又要使其可以相互妥协，保证各个协同主体的合理利益不会受到侵犯。

（四）高效协同保障：大数据技术手段应用机制

1. 以技术为基础的管理工具来管理数字经济的逻辑

第一，以效率为基础的技术治理。技术管理方法的研究与开发，一方面是以企业为主体进行的。公司在进行研究与开发的时候，所要考虑的最重要因素，就是公司的管理成本与收益。为了降低管理成本并节省自己的资源，企业主体通常会选择大众化、标准化、市场化程度较高的技术路线，以便使自己的技术架构可以与其他关联企业、纵向与上下游企业进行互联。另一方面，在互联网等数字技术特有的激励机制作用下，公司会持续推出新信息、新服务和新体验，以刺激大众增加点击量和流量，进而获得更多的广告收入和增值利润。这种依赖于大量资讯产生与传播的盈利模式，使得许多公司将注意力集中在了"吸引眼球"的资讯上。因而，政府往往采用技术管理的方法来满足这一盈利模式的需求。

第二，以权力下放为逻辑基础的技术管理。一方面，互联网自创立之日起，就存在着"分组网络"这一概念，每个人都可以成为网络的拥有者、参与者，互联网上众多结点都参与网络活动，并在某种程度上参与了网络的管理，并形成一定的集体决策。这一网状的组织架构，造成了组织系统丧失实体的核心节点，造成了单一主体的集中式管理，缺少了技术土壤与物质基础。同样地，数字经济也模糊了消费者和供给者的边界，使得每个公民、每个企业都可能是消费者，也可能是服务和产品提供者。因此，每个主体都会从维护自身利益的角度出发，积极参与到数字经济治理中。同时，任何一家数字经济企业所掌握的数字技术都依赖于其他企业所掌握的技术。多家数字经纪公司强强联合、协同合作的运营模式，使得数字经济的治理呈现出"分权"的特征。

第三，技术治理具有自我约束的内在逻辑。随着现代信息技术的发展而产生的信息权力，对国家行政权产生了一定影响，这种影响促使我们根据现代信息技术的发展需求，对自我管理的规范进行了探讨，并构建起了自我管理的秩序。在数字经济背景下，随着大数据技术的不断发展和应用，数据对于社会治理的重要性日益突出，利用数据进行事件趋势预测和关联关系发现，技术治理已成为一种重要的治理方法。具体而言，一是企业为技术治理的主体，其治理的客体也主要是企业，因此，在数字经济治理中，技术治理主体和被治理客体之间形成了一个封闭式的空间，满足了自我约束的需要。二是企业、行业组织等基于行业特征及 IT 发展规律而制定的技术治理标准，其制定主体对其最熟悉，也最符合行业自律的逻辑。

2. 基于大数据的数字经济协同管理实施机理研究

第一，从"大数据"出发，构建"数字经济"的"大数据治理"概念。大数据治理以"数字治理"为核心，是互联网治理的基础，它既丰富了公共治理的内涵，又拓宽了治理的途径。"再整合""基于需求的整体性"和"数字化转型"成为数字治理理论的三个主要主题。

第二，提高资料的智能分析和运用。以大数据为基础的数字经济协同管理，必须更加注重智慧化。其中，感知物联网、移动互联网、大数据分析和云计算等技术是实现智能控制的关键，对后端数据的分析则是关键中的关键，其分析结果会直接影响到决策的效果。

第三，重视在大数据环境下进行智能决策。在大数据环境下，政府决策必须由依赖直观判断、基于领导经验的决策方式转变为数据驱动的决策方式，这样才能实现政府管理的现代化，从而提升政府决策的科学水平。政府部门应培养"数据是什么"的思维方式，将以往的"随机应变"转变为"数据决策"，确保大数据价值得到最大程度的发挥。在此基础上，构建"收集数据—定量分析—找到它们之间的联系—提出最优方案"决策流程，利用数据信息调用云计算技术，探索数据之间、事物之间的内在联系可以提升决策的工作效率，创造出更大的科学决策价值，促进决策的科学性和权威性，实现治理过程的精细化。在数字经济中，技术和行业发展变化迅速，数据量巨大，许多情况下，数据仍然分散在不同的主体手中，这就导致了监管部门经常很难在短时间内获得有效的数据，并对其进行有效的监管。运用大数据技术，对数据进行分析、抓取和比对，发现问题并提出对策，是实现数字经济协同管理的一个重要途径。

与此同时，在大数据时代，包括普通公民在内的多元主体会越来越多地参与到数字经济的治理过程中。因此，每一个个体都会是一个潜在的数据源，而数据的积累也在一定程度上保证了数据决策结果的可信度。除此之外，企业还可以充分发挥企业收集数据的优势并利用大数据来优化内部管理流程、提升精细化管理水平，应对和预测市场，同时，也可以充分利用大数据，为智慧治理提供数据和技术支撑。

参考文献

[1] 崔耕瑞.数字金融能否提升中国经济韧性[J].山西财经大学学报，2021，43（12）：29-41.

[2] 李拯.把发展数字经济作为战略选择[N].人民日报，2021-10-29(5)：2.

[3] 马蓝，王士勇，张剑勇.数字经济驱动企业商业模式创新的路径研究[J].技术经济与管理研究，2021（10）：37-42.

[4] 孙德林，王晓玲.数字经济的本质与后发优势[J].当代财经，2004（12）：22-23.

[5] 邵春堡.新时代数字经济的价值创造[J].中国井冈山干部学院学报，2021，14（5）：22-30.

[6] 张新红.数字经济：中国转型增长新变量[J].智慧中国，2016（11）：22-24.

[7] 邢成冰.共享时代数字经济发展趋势与对策探究[J].商业经济，2019（10）：133-134.

[8] 杨炎.国际对比视角下我国数字经济发展战略探索[J].科技管理研究，2019，39（19）：33-42.

[9] 刘菲.关于数字经济发展趋势的探讨[J].现代经济信息，2019（30）：305-307.

[10] 段伟伦，韩晓露.全球数字经济战略博弈下的5G供应链安全研究[J].信息安全研究，2020，6（1）：46-51.

[11] 许丹丹，王晓霞，崔羽飞，等.运营商在5G时代数字经济的机遇和挑战[J].信息通信技术，2020，14（1）：46-52.

[12] 逄健，朱欣民.国外数字经济发展趋势与数字经济国家发展战略[J].

科技进步与对策，2013，30（8）：124-128.

[13] 何枭吟. 数字经济与信息经济、网络经济和知识经济的内涵比较 [J]. 时代金融，2011（102）：47.

[14] 刘荣军. 数字经济的经济哲学之维 [J]. 深圳大学学报（人文社会科学版），2017，34（4）：97-100.